JN406929

*이 책은 방일영문화재단의 지원을 받아 저술·출판되었습니다.
*출처 표기가 없는 경우 저자가 직접 취재하거나 인터뷰한 것입니다.

조영미 지음

DASIBUSAN

프롤로그 · 커피에는 국경이 없다

아침에 눈을 뜨면 커피부터 내린다. 언젠가부터 하루를 시작하는 루틴이 됐다. 아주 이른 새벽에 일어나야 하는 날에도, 느지막이 일어나는 여행지에서조차 커피를 마시며 하루를 시작하는 게 당연한 일이 됐다.

아마 처음 마셨던 커피의 짜릿함이, 커피를 사랑할 수밖에 없는 운명으로 이끈 것 같다. 한국은 어느새 전 세계에서 커피를 가장 많이 마시는 나라 중 하나다. 2024년 한국의 커피 수입액은 13억 7846만 달러를 넘어섰다. 1조 9000억 원 상당이다. 1인당 소비량으로 따지면 1년에 405잔으로, 한 사람이 적어도 하루에 한 잔 이상은 커피를 마신다는 뜻이다.

한국은 언제부터 이렇게 커피를 많이 마시는 나라가 된 걸까. 한국에서 제일 처음 커피를 마신 사람은 누구일까. 이 책은 이런 의문점에서 출발한다. 단순히 커피가 좋아서 시작한 호기심의 여정은 결국 커피 생산지까지 다다랐다. 세계에서 가장 질 좋은 커피를 생산하는 생산자들 대부분은 막상 자신의 커피를 즐길 여유가 없다는 사실에 충격을 받기도 했다. 그들에게 커피는 식탁에 먹을 것을 가져다주는 소중한 수입원일 뿐 하루의 시작을 알리는 기호품이 될 수 없었다.

커피 산지라서 마음껏 최고의 커피를 마실 수 있을 줄 알았건만 혹시나 싶어 한국에서 조금 챙겨 간 커피로 하루를 시작했다. 커피 생산지만 가보면 커피에 대한 궁금증이 다 풀릴 줄 알았다. 그런데 아니었다. 오히려 궁금증이 더 커졌다.

궁금증과 호기심은 도시마다 가장 오래된 카페, 역사적 의미가 있는 카페에 가보는 일로 이어졌다. 해외 출장이나 여행을 갈 때마다 가장 오래된 카

페루의 대표적인 커피 산지 하엔에서 커피 열매를 손으로 하나씩 따던 노동자와 마주쳤다.

페를 찾는 게 당연한 일이 되었다. 프랑스의 이름 없는 군인이었던 나폴레옹이 커피 값 대신 맡겼다는 모자가 전시된 파리의 카페, 포르투갈의 국민 시인 페르난두 페소아가 단골이었다는 카페까지 나라마다 '비슷하고 다른' 카페의 시작은 또 다른 상상으로 나를 이끌었다.

　이 책은 말 그대로 '길 위에서 만난 커피'를 담았다. 과거와 현재를 커피로 이은 여정이기도 하다. 커피를 좋아해서 궁금했던 한국 커피의 역사부터 시작해, 커피를 통해 만난 사람 이야기, 커피가 주인공인 여행기를 담았다. 책장을 덮었을 때 맛있는 커피 한 잔이 생각난다면 더 없는 기쁨이겠다. 커피가 이끄는 여정은 앞으로도 계속될 것이다.

길 위에서 만난 커피
COFFEE RHAPSODY

프롤로그 · 커피에는 국경이 없다   004

1부 · 스페셜티 커피 산지를 가다

1. '상위 7%' 스페셜티 커피가 바꾼 커피 시장   010
2. 페루, 스페셜티 커피 여정의 시작   015
3. 세계 최고 커피를 위하여- 페루로 돌아온 '커피 부부'   022
4. 페루 커피에 반하다-잊지 못할 '카페 콘 리몬'   028
5. 페루에서 만난 특별한 인연   036
6. 잘 만든 커피는 인생도 바꾼다-페루 커피협동조합   039
7. 페루에서 에콰도르로, 우당탕탕 국경을 넘다   046
8. 커피가 이어준 인연- 에콰도르에서 만난 커피 가족   051
9. 에콰도르에서 커피 농장 B&B 체험을-'커피 자매'의 꿈   061
10. 에콰도르 괴짜 커피 농부의 '암실 건조' 실험   067

2부 · 세계 커피도시를 가다

1. 미국 스페셜티 커피를 맛보다, 미국 로스앤젤레스 ... 074
2. '일리 커피'의 도시, 이탈리아 트리에스테 ... 079
3. 유럽 커피 물류의 중심지, 벨기에 앤트워프 ... 090
4. 300년 전 유럽 최초 카페는 이랬다
    1) 카페 플로리안 | 이탈리아 베네치아 ... 095
    2) 카페 프로코프 | 프랑스 파리 ... 099
    3) 카페 아 브라질레이라 | 포르투갈 리스본, 카페 마제스틱 | 포르투갈 포르투 ... 103
5. 카페 투어의 성지, 일본 도쿄 ... 107
6. 떠오르는 동남아 커피도시, 태국 치앙마이 ... 111
7. 중동 커피 중심지, 아랍에미리트 두바이 ... 120

3부 · 부산은 커피도시다

1. 민견호, 커피를 대접받다- 한국인 최초의 커피 음용 기록 ... 130
2. 1950년대, 커피는 이미 일상이었다-다방 커피 가져 논쟁부터 독살 사건까지 ... 136
3. 미국이 주목한 부산 다방, 1970년 미국 공보처 보고서 ... 139
4. 한국 최초의 커피 프랜차이즈, 1982년 가비방 ... 145
5. 부산은 커피도시다- 부산 월드 커피 챔피언 3인방 ... 149

에필로그 · 커피 여정은 계속 된다 ... 154

참고문헌 및 자료 ... 156

1부

스페셜티 커피 산지를 가다

1부 · 스페셜티 커피 산지를 가다

1. '상위 7%' 스페셜티 커피가 바꾼 커피 시장

스페셜티 커피는 커피의 정의를 바꿨다. 현대인의 정신을 번쩍 들게 만드는 음료의 역할에서 그치는 것이 아니라 스페셜티 커피는 와인처럼 음미하고 즐기는 '문화'가 됐다. 그런데 막상 커피 취재를 시작하고 나서 도대체 스페셜티 커피가 무엇인지에 대한 질문을 많이 받았다. 되려 스페셜티 커피를 뭐라고 생각하느냐고 물어보면, 관념적으로 가장 맛있는 커피, 혹은 고급커피, 비싼 커피, '특별한'Special 커피가 스페셜티 커피이지 않느냐는 대답이 돌아왔다. 반은 맞고 반은 틀렸다.

가장 단순하게 설명하자면 스페셜티 커피는 스페셜티 커피 협회Specialty Coffee Association·SCA 기준으로 100점 만점에 80점 이상의 점수를 받은 커피다. 결점두가 거의 없고, 커피 산지와 농장, 품종, 가공 방식이 추적 가능해야 한다. 품질이 좋고 지속가능한 가치를 담고 있다는 점에서 스페셜티 커피는 당연히 일반 커피Commercial coffee·상업용 커피 보다 비싸고 맛이 더 낫다는 평가를 받는다. 하지만 스페셜티 커피는 단순히 비싼 커피로 취급하기에는 그 이면에 많은 이야기를 담고 있다.

SCA는 스페셜티 커피가 단순히 맛 점수로만 결정되는 것이 아니라고 강조한다. 감각적 특성, 일관성, 투명성, 지속 가능성, 생산자와 소비자에게 미치는 영향 등 커피의 포괄적인 가치까지 본다는 설명이다. 이를 위해 SCA는 2024년부터 스페셜티 커피를 평가할 때 보이지 않는 가치까지 보는 '커피 가치 평가'Coffee Value Assessment·CVA를 도입했다. [01]

스페셜티 커피는 '제3의 물결'Third-wave coffee·3세대 커피로 설명할 수 있다. '제3의 물결'은 1세대, 2세대와는 다른 커피 산업의 새로운 움직임을 뜻한다. 고품질, 단일 원산지 커피Single origin·싱글 오리진, 약배전 로스팅Light Roasting·라이트 로스팅을 통해 커피의 향미를 이끌어내는 로스터리의 등장과 이에 따른 커피 산업의 변화를 커피 산업의 '제3의 물결'이라고 한다.

미국 스페셜티 커피 중개인이자 작가인 티모시 J. 캐슬Timothy J. Castle이 1999년 가장 먼저 이 표현을 썼다. 하지만 이 용어는 미국 출신으로 캘리포니아에서 15년 동안 바리스타와 로스터로 활동했던 트리시 로스겝Trish Rothgeb이 2002년 노르웨이 오슬로에서 활동하며 쓴 글에서부터 널리 알려지기 시작했다. 사실상 현재 사용하는 커피 산업의 '제3의 물결'을 지금의 뜻으로 정의한 사람은 로스겝이다.

당시 로스겝은 세계 최초의 월드 바리스타 챔피언인 노르웨이의 로버트 소어슨Robert Thoresen이 만든 로스터리에서 로스터로 일하고 있었다. 그는 '커피 로스터스 길드' 뉴스레터에 쓴 '노르웨이와 커피'라는 글에서 노르웨이에서 자신이 관찰한 '제3의 물결'에 대해 설명했다. 그는 LA 타임즈와 인터뷰에서 "2002년 제3의 물결이라는 단어를 썼을 때만 해도 커피 산업의 한 시대를 정의하는 용어로 사용될지는 몰랐다"고 밝혔다. [02]

로스겝은 커피 산업의 제1의 물결1세대과 제2의 물결2세대은 모두 가정에서의 소비에 초점이 맞춰져 있다고 설명한다. 1세대 커피는 폴저스Folgers, 맥스웰하우스Maxwell house 같은 대형 브랜드가 만든, 미리 갈아서 진공 포장한 뒤 대량 판매용 캔에 넣은 커피를 뜻한다. 주로 인스턴트 커피이고, 여러 원산지의 커피를 섞은 커머셜 커피가 일반적이었다.

여전히 가정 소비 중심이기는 하지만 2세대는 소비자에게 다른 경험을 제공했다. 커피를 식료품점에서 구매하는 것이 아니라 스타벅스Starbucks, 피츠Peet's 같은 카페에서 갓 볶은 원두를 봉지째 사가는 경험이다. 2세대에서는 커피 원산지에 주목하기 시작했고, 강배전Dark roasting·다크 로스팅 커피가 일반적이었다.

1·2세대와 달리 3세대는 커피 경험의 초점을 커피숍이 아니라 '컵 안의 커피 품질'에 주목하게 만들었다. 그래서 커피 고유의 향미를 살리는 약배전, 싱글 오리진Single origin·단일 원산지 커피, 생산자와 직거래를 통한 윤리적 커피 소비가 주목받기 시작했다. 로스갭은 이 같은 변화를 설명하면서, 물결Wave이라는 단어를 쓴 이유로 여성주의 작가들이 여성 운동의 흐름을 이 단어로 구분한 방식에서 차용했다고 밝혔다. 그에게 '제3의 물결'은 소비자가 커피 세계에 더 깊이 들어올 수 있도록 한 움직임과도 같았다.

가장 단순하게 '제3의 물결'을 설명하자면 2000년대 들어 고품질의 커피 한 잔을 소비자에게 제공하려는 커피업계의 움직임이다. 결국 '제3의 물결'은 스페셜티 커피의 확산과 맞물려 있다. 미국에서는 인텔리젠시아 커피 1995년 시카고, 스텀프타운 커피1999년 포틀랜드, 블루보틀 커피2002년 오클랜드가 '제3의 물결'을 이끌었다.

'제3의 물결'이 커피 산업 전체에 새로운 바람을 불러일으키기는 했지만, 한계도 있다. 로스갭은 LA 타임즈 인터뷰에서 스페셜티 커피의 등장과 '제3의 물결'이 지나치게 개인의 탁월함(카페·바리스타·로스터)에 집중한다고 비판했다. 그러면서 커피업계가 여성과 유색인종의 평등 문제를 외면한다고 지적했다. 그는 "만약 앞으로 '제4의 물결'이 온다면 커피 컵 속에만 머무르지 않고 커피업계 전체의 포용성과 변화를 만드는 일이 될 것이다"고 말했다.

그럼에도 여전히 '제3의 물결'은 현재진행형이다. 확장 가능성도 크다. 커피 전체 생산량의 약 7%가 스페셜티 커피 등급으로 거래되는 것[03]으로 알려져 있는데, 커피 산업의 성장은 스페셜티 커피 시장이 이끌고 있다는 조사가 나왔다.

글로벌 리서치 회사 프레시던스 리서치Precedence Research가 2025년 8월 발표한 보고서 '커피 시장, 스페셜티와 인공지능AI 혁신으로 글로벌 성장세 이어간다'[04]에 따르면 2024년 글로벌 커피 시장 규모는 약 2452억 달러**2025년 9월 기준 약 341조 5391억 원**로 추정된다. 글로벌 커피 시장은 오는 2034년에는 약 3815억 달러**약 531조 3914억 원**로 성장할 것으로 예상된다. 또 2025년부터 2034년까지 연평균 성장률은 4.52%에 달할 것으로 봤다. 전 세계적으로 커피숍 숫자가 증가하면서 커피 산업 전체의 성장을 이끌고 있다는 분석이다. 한마디로 카페를 중심으로 한 커피 산업의 성장세가 두드러진다는 뜻이다.

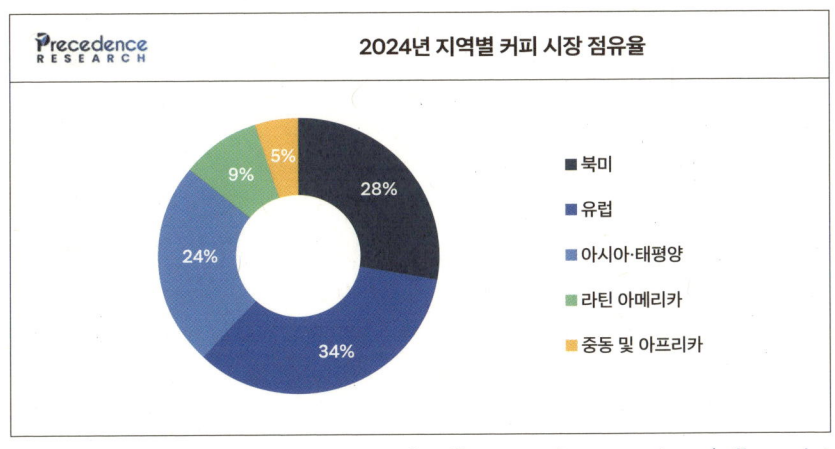

http://www.precedenceresearch.com/coffee-market

커피 시장 점유율은 2024년 기준 유럽 **34%**, 북미 **28%**, 아시아·태평양 **24%** 순인데, 2025~2034년 기간 동안 아시아·태평양 지역의 연평균 성장률이 6.2%로 가장 빠르게 성장할 것으로 전망된다.

보고서가 커피 산업이 성장할 것으로 보는 이유는 MZ세대로 대표되는 젊은층의 커피 소비가 증가세인 데다, 글로벌 커피 체인의 확장 때문이다. 스타벅스, 팀홀튼, 코스타 커피 등 글로벌 체인을 이제 전 세계 어디서나 찾아볼 수 있고, 독립 카페 Independent cafe로 불리는 개인 카페 수도 증가하고 있어 카페 문화 자체가 일상화되고 있다. 일반적으로 독립 카페는 스페셜티 커피의 성장과도 맞닿아 있다.

스페셜티 커피뿐만 아니라 AI **인공지능**의 발달 역시 커피 산업의 성장에도 크게 기여를 할 것으로 보인다. 예를 들어 2023년 11월 전 세계 주요 커피머신 제조사 중 한 곳인 이탈리아 시모넬리 그룹은 AI 기반의 가상 지능형 저울 Virtual Intelligence Scale·VIS을 도입, 설정된 레시피에 맞춰서 정밀한 커피 분량을 제공하는 기술을 커피 머신에 적용하기 시작했다. 이처럼 스페셜티 커피 시장은 AI 기술을 등에 업고 더욱 커질 것이다.

2. 페루, 스페셜티 커피 여정의 시작

• 전 세계 커피 생산량 9위 커피 대국을 가다

    2022년 8월, 스페셜티 커피 생산 과정을 취재하기 위해 페루와 에콰도르 커피 산지를 연달아 찾았다. 원활한 취재를 위해 모모스커피의 중남미 커피 산지 직거래Direct trade 과정에 동행했다. 실제 스페셜티 커피 회사가 생두를 구매하는 과정을 지켜보면서 취재했기 때문에 혼자 갔다면 알기 어려운 산지 직거래 과정을 생생하게 경험할 수 있었다. 모모스커피로부터 여러모로 큰 도움을 받았다.

    모모스커피처럼 생두 산지 직거래를 하는 스페셜티 커피 회사는 중남미 커피 수확기인 여름과 아프리카 커피 수확기인 겨울에 커피 산지를 찾는다. 오랫동안 신뢰를 쌓아온 커피 중개인들과 함께 커피 산지를 직접 찾아 그해 괜찮은 커피를 생산한 농장이나 협동조합을 찾아 커피를 맛보고 구매를 결정한다. 커피를 맛보고 감별하는 과정을 '커핑'Cupping이라고 하는데, 단독으로 혹은 전 세계에서 온 생두 구매 담당자들과 함께 커핑하는 과정을 거친다. 먼저 커피의 냄새를 맡고 이후 커핑 전용 작은 숟가락에 커피를 한 숟가락 떠서 혀에 굴려 맛보고 뱉으면서 맛을 평가한다. 커피를 뱉는 이유는 하루에 너무 많은 양의 커피를 마시면 일어나는 부작용을 방지하기 위해서다. 커피 품질에 따라 커피 확보 경쟁이 일어나기도 해서 커핑은 치열한 눈치 싸움의 현장이기도 하다.

페루 하엔의 커피 종합회사 오리진 커피랩에서 커핑하는 모습.

 단순히 커핑만을 위해 산지를 찾는 것은 아니다. 물류의 발달로 이제는 웬만한 커피 농장의 커피 샘플은 클릭 한 번이면 받아볼 수 있는 시대다. 하지만 전 세계 생두 바이어들이 비행기를 갈아타는 수고를 마다하지 않고 매년 같은 시기, 같은 산지를 찾는 이유는 현장 상황을 눈으로 확인하고 더 맛있는 생두를 누구보다 먼저 확보하기 위해서다. 현장에 가지 않으면 보이지 않는 부분이 분명히 있었다. 모모스커피 이현기 대표는 "커피 생산자와 관계 구축"이라는 말로 다이렉트 트레이드의 본질을 설명했다.
 스페셜티 커피의 본질과도 닿아 있는데, 커피 생산자와 소통을 통해 커피 생산 과정에 참여하는 것과 마찬가지다. 노련한 생두 구매 담당자는 거래하는 커피 농부에게 새로운 생산 방법을 제안하거나 최신 기술 도입을 지원하기도 한다. 커피를 생산한 농부와 직접 거래하면서 유통사가 더 많은 이익을 가져가는 구조가 아니라, 생산자가 피땀 흘려 수확한 생산의 대가를 가져갈 수 있어 더 윤리적이기도 하다.

중남미의 대표적인 스페셜티 커피 산지하면 콜롬비아, 브라질, 코스타리카가 가장 먼저 떠오른다. 2022년 스페셜티 커피 대표 산지를 제외하고 페루, 에콰도르를 찾은 이유는 명확했다. 페루와 에콰도르가 중남미 스페셜티 커피 산지 중 커머셜 커피만 중점적으로 재배하다가 스페셜티 커피에도 눈을 떠 과도기에 있는 대표적인 산지였기 때문이다. 다르게 표현하자면 이미 확고하게 자리를 잡은 콜롬비아나 코스타리카 스페셜티 커피보다 새로운 발견을 할 가능성이 더 큰 곳이다.

미국 농무부USDA에 따르면 2024/2025 커피 생산량은 브라질 37%, 베트남 17%, 콜롬비아 8% 순으로 많았다.[05] 페루 커피는 전체 커피 생산량의 2.2%를 차지하고 있고, 순위로는 9위다. 60kg 커피백 기준으로 연간 388만 2000백을 생산하니 무시할 수 없는 커피 생산 대국이다.

페루 경제에서도 커피는 중요한 역할을 한다. 페루에서 생산하는 농산물 중 어분, 포도**와인 생산용 아닌 식용 포도**에 이어 커피는 세 번째로 비중이 크다. 페루하면 마추픽추 같은 관광지가 가장 먼저 떠오르지만 의외로 페루는 광업과 농업 등 1차 산업에 근간을 둔 나라다.

• 첫날부터 비행기를 놓쳤다

    2022년 8월 19일, 코로나19 팬데믹이 끝나고 드디어 자유롭게 해외를 오갈 수 있는 시기가 왔다. 각오를 단단히 하고 비행기에 올랐다. 팬데믹 이후 3년 만의 첫 장거리 취재였다. 평소라면 김해와 인천을 잇는 내항기를 탔겠지만, 팬데믹이 시작되면서 폐지됐던 내항기 운영이 재개되지 않은 시점이었다. 어쩔 수 없이 김해에서 김포로, 다시 인천공항으로 가는 수고스러운 이동 끝에, 인천에서 미국 애틀랜타로 가서 다시 페루 수도 리마로 환승하는 여정을 시작했다. 이번 취재는 부산 지역 출판사 〈다시부산〉 에디터이자 대표인 박나리 대표와 함께했다.

    애틀랜타에서 비행기가 지연되는 바람에 새벽에 도착할 예정이었던 리마에는 아침이 되어서야 도착할 수 있었다. 인천에서 애틀랜타까지 약 14시간, 환승 대기 6시간, 애틀랜타에서 리마까지 약 6시간 30분이 걸렸다. 지구 반대편으로 날아오는 데 하루가 꼬박 넘게 소요된 셈이다. 평소 좋아하던 커피를 산지에서 맛볼 수 있다는 기대감으로 길고 긴 비행을 버텼다.

    리마에 묵고 있는 이현기 대표와 만나 이날 점심 시간 즈음 페루의 대표적인 커피 산지 중 하나인 하엔*Jaén*으로 가는 국내선을 타는 것이 원래 계획이었다. 공항 도착 시점부터 하엔행 비행기를 타기까지 애매하게 5시간 정도 남은 데다 하루가 넘는 비행으로 몰골이 말이 아니었던 만큼 이 대표가 묵고 있던 페루 시내 호텔에서 샤워를 한 뒤 간단하게 점심을 먹고 국내선을 타기로 했다.

    평소 '커피'와 '부산'이라는 키워드로 뜨겁게 얘기를 나누던 사이였던 만큼 오랜만에 다 같이 만났지만 마치 어제 본 것처럼 편했다. 리마의 해운대, 미라플로레스의 이국적인 바다 풍광을 보면서 점심을 먹다 보니 시간 가는 줄 몰랐다.

호텔에 맡겨둔 짐을 찾고 다시 리마 공항에 도착했을 때만 해도 이제부터 시작될 커피 산지 취재에 들떠 있었다. 중남미 땅을 밟는 것이 처음이기도 했고 커피 산지를 가보는 것도 처음이었기 때문이다. 약간 시간이 촉박한 감은 있었지만 설마 늦었을 거라고는 생각하지 못했다. 우리가 탑승할 예정이었던 하엔행 라탐항공 체크인 카운터는 한산했고 직원은 아무도 없었다. 겨우 라탐항공 직원을 찾아 붙잡고 물어보니 카운터는 이미 10분 전 마감했고, 이제는 비행기를 탈 수 없다는 대답이 돌아왔다.

"이 취재, 앞으로 괜찮은 걸까…." 등에 식은땀이 흘렀다. 이미 벌어진 일, 이제는 수습할 시간이었다. 직원에게 물어보니 리마에서 하엔행 비행기는 일주일에 딱 한 번 토요일에만 운행된다고 했다. 이 무슨 청천벽력 같은 소리인지, 갑자기 눈앞이 하얘졌다. 이번 취재는 페루 일주일, 에콰도르 일주일로 빡빡한 일정이었다.

먼저 이날 하엔에 도착하면 만나기로 한 커피 중개인에게 연락해 사정을 설명하고 당장 하엔까지 가는 다른 방법을 수배할 수 있는지 도움을 요청했다. 비행기로는 1시간 30분 정도면 도착하는 곳이지만 버스로는 약 21시간이 걸린다고 했다. 하엔은 리마에서 북쪽으로 1050km 정도 떨어진 소도시다. 육로로는 산악 지대를 통과해야 하고 비포장 도로도 많아 거리에 비해 육로 이동 소요 시간이 많이 걸린다. 애초에 비행기 이동이 최적의 방법이었던 셈이다.

일단 이날은 당장 하엔으로 가는 버스도 없다고 했다. 이제 허탈한 웃음이 나왔다. 앞으로 하엔에서 가봐야 할 커피 농장이 줄줄이 기다리고 있었다. 다음 날 하엔행 버스를 탄다고 해도 원래 예정보다 이틀이나 늦게 첫 일정을 시작할 판이었다. 더 나은 방법을 찾아야 했다.

현지인의 도움을 받아 찾은 가장 빨리 하엔으로 가는 방법은 다음 날 그나마 하엔에서 가장 가까운 도시인 치클라요 Chiclayo까지 국내선을 타고 가서, 거기서 장거리 택시를 수배하는 것이었다. 치클라요까지 비행기로 1시간 남짓, 치클라요에서 하엔까지 택시로 7~8시간이 걸리는 대여정이었다. 그나마 이현기 대표의 현지 네트워크가 탄탄해 짧은 시간 안에 새로운 최단 시간 이동 방법을 찾을 수 있었다.

리마에서 계획에 없던 허탈한 하룻밤을 보낸 뒤 새벽에 출발하는 치클라요행 첫 비행기를 탔다. 고속버스 터미널 같은 작은 규모의 치클라요 공항에 내리자 하엔에 있는 커피 중개 회사 직원이 마중 나왔다. 회사는 하엔에 있지만 집은 치클라요라 주말에 잠깐 와 있는 사이 도움을 주기 위해 나왔다고 했다. 그 직원의 도움을 받아 주로 대절 택시를 탈 수 있는 터미널로 이동했다. 말이 터미널이지 공터에 차량이 쭉 주차되어 있고 삼삼오오 모여 있는 현지 드라이버들과 흥정을 통해 목적지까지 가는 시스템인 듯했다. 현지에 아무런 끈이 없는 외국인 관광객이라면 무조건 바가지를 쓸 수밖에 없는 구조였다. 다행히 우리는 직원 도움으로 현지인 가격에 하엔까지 데려다 줄 드라이버를 섭외할 수 있었다.

디에르모라는 이름의 기사는 처음부터 유쾌했다. 영어를 잘하지는 못했지만 기본적인 의사소통은 가능했는데, 최대한 빨리 하엔에 가야한다는 사정을 설명하니 자신만만한 윙크가 돌아왔다. 이제 그렇게 편하지는 않은 차 뒷자리에서 최대 8시간을 버텨야 하는 차례였다.

3년 만의 장거리 비행과 예기치 못한 여정 변경으로 긴장했었는지 차를 타자마자 그야말로 기절했다. 페루의 도로 사정이 좋지 못해 심하게 덜컹거리는데다 산악 지대를 통과할 때는 롤러코스터를 탄 것처럼 차량의 움직임이 컸다. 그럼에도 홀린 듯이 잠에 취했다. 잠깐 눈을 뜰 때마다 울창한 숲이, 다시 사막 지대가, 기암괴석이 창밖으로 보이는 것이 신기하다고 생각하면서도 잠에서 깨기가 쉽지 않았다.

비행기를 놓치는 바람에 페루 치클라요에서 하엔까지 육로로 8시간에 걸쳐 이동했다.
사유지 도로를 지날 때는 이렇게 통행세를 내야 했다.

평소 장시간 차량 이동을 힘들어하는 편인데 의외로 자다 깨다 반복하다 보니 금방 목적지에 다다른 느낌이었다. 디예르모 아저씨는 운전 중간 중간 열심히 코카 잎을 씹어댔는데, "이게 너희들을 빠르게 데려다 줄 거야"라는 농담도 잊지 않았다. 코카 잎은 스페인 식민지 시절부터 페루에서 널리 애용된 식물로 고산병을 완화하고 피로 회복에 도움을 준다고 했다. 디예르모 아저씨가 묘기에 가까운 운전 실력으로 달린 끝에 예정보다 훨씬 빠르게 점심 시간이 조금 지난 시점에 하엔에 도착했다. 첫날부터 '우당탕탕' 이동한 끝에, 드디어 커피 산지 취재를 시작할 차례였다.

3. 세계 최고 커피를 위하여 - 페루로 돌아온 '커피 부부'

하엔 시내에 진입하자마자 눈에 띄는 풍경이 있었다. 커피 포대로 가득 찬 트럭이 부지런히 하엔 시내를 활보하는 모습이었다. 하엔은 안데스 사막 지대와 아마존 저지대 경계에 위치해 있는데 대부분 지역이 해발 800~1500m 사이의 고지대라 스페셜티 커피의 주재료인 아라비카 커피를 재배하기 좋다.

고도가 높을수록 낮과 밤 온도 차이가 큰 만큼 커피 열매인 커피 체리가 천천히 익고, 당도와 향미도 높아진다. 하엔의 연평균 기온은 20~25℃ 정도로 온화하고, 안데스 산맥에서 불어오는 시원한 바람과 아마존 우림 지대의 영향으로 습도와 강수량이 커피 재배에 알맞다.

하지만 이웃한 중남미 나라에 비해 페루의 스페셜티 커피는 비교적 최근에 주목받기 시작했다. 주로 페루에서 재배하던 커피는 인스턴트 커피에 사용하거나 대량 납품용인 커머셜 커피였다. 페루의 커피 생산량은 중남미에서는 콜롬비아, 온두라스에 이어 세 번째일 정도로 많은 생산량을 자랑하지만 결코 퀄리티가 높아 주목받는 커피는 아니었다. 생산한 커피의 대부분을 커머셜 커피로 판매하다 보니 커피 질보다는 양에 주목했고, 한때 페루 커피 하면 '결점두'**결점이 많은 생두, 보통 생두 모양이 온전하지 않은 경우가 많다**가 많은 커피로 악명이 높았다.

그런 페루 커피가 변하고 있었다. 커피 생산자인 농부들이 스페셜티 커피의 가능성에 눈을 뜨기 시작했다. 페루 커피 농부들이 스페셜티 커피에 주목하게 된 가장 큰 계기는 2017년 페루에서 처음 열린 '컵 오브 엑설런스'Cup of Excellence·CoE 대회였다. 하엔에서는 2019년 이 대회가 열렸다.

CoE는 우수한 품질의 커피를 제대로 평가하기 위해 1999년 국제 커피 기구International Coffee Organization·ICO가 시작한 대회다. 세계 최고 품질의 커피를 발굴하고, 농부에게 공정한 보상을 지급하자는 취지에서 시작됐다. CoE에서 1등을 한 커피는 경매를 통해 높은 가격으로 팔려나갔기 때문에 CoE는 커피 농부에게 꿈의 무대가 됐다.

다른 커피 생산국과 달리 페루에서는 비교적 늦은 2017년 첫 대회가 열렸는데 높은 품질의 커피가 다수 나와 전 세계 주요 커피 생산국과 소비국의 커피 전문가로 구성된 심사위원들이 깜짝 놀랐다는 반응이 퍼져나갔다.

우연히 2017년 첫 페루 CoE 대회에서 우승한 페루 농부를 만났다. 하엔 '라 플로르'Finca la Flor 농장의 후안 에레디아 산체스Juan Heredia Sánchez 씨다. 그는 그 해 재배한 자신의 커피 샘플을 전달하러 커피 수출회사를 찾은 참이었다. 2017년 CoE에 제출한 산체스 씨의 커피는 92.25점으로 1등을 차지했고, 이어진 경매에서 그의 커피는 파운드당 약 100달러2025년 9월 기준 약 14만 원, 거래액은 약 7만 달러9840만 원에 달했다. 산체스 씨는 "CoE를 계기로 내가 키운 커피의 가치를 알게 됐다"며 "이전에는 수출업자나 중개업자가 정한 가격을 받아들일 수밖에 없었는데 커피 재배를 위해 노력한 만큼 그에 걸맞은 가격을 받을 수 있다는 사실을 알았다"고 말했다. CoE 이후 산체스 씨는 추가로 농장을 매입해 지금은 8헥타르8만 ㎡의 농장을 운영한다. 그는 "가치가 큰 게이샤 종 커피를 더 많이 심었고, 커피 발효 방법도 바꿨다"며 "커피 열매 발효 시간을 최근에 17시간으로 늘렸는데 더 맛있는 커피가 나오기를 기대한다"고 전했다.

2017년에 이어 2023년 열린 페루 CoE에서도 하엔 지역에서 재배한 게이샤 커피가 1등을 차지했다. 하엔은 페루 스페셜티 커피의 얼굴이 되어가고 있다. 하엔에서 만난 페루 커피회사 '오리진 커피랩' 창업자 부부는 그래서 더 특별했다. 페루 출신이지만 미국에서 사랑을 키우던 부부는 하엔 커피의 가능성을 보고 하엔으로 돌아왔다.

오리진 커피랩 호세 리베라José Rivera 대표는 커피 생산자 집안에서 태어났다. 하엔에서 태어나, 하엔에서 2시간 정도 떨어진 샌 이그나시오San Ignacio에서 자랐다. 증조부모대부터 시작된 커피 재배는 장소를 달리해 조부모로 이어졌고, 아버지도 커피를 재배하는 농부로 살았다. 리베라 대표는 "할머니, 할아버지는 증조부모님이 운영하던 피우라 지역의 커피 농장에서 결혼식을 올렸다고 하셨다"며 "이후 조부모님이 샌 이그나시오 지역에서 커피 농장을 시작했고, 아버지도 이곳에서 커피협동조합을 꾸리셨으니 우리 가족의 커피 재배 역사는 200년이 넘는다"고 설명했다.

커피 생산자 집안에서 자란 만큼 커피가 일상이었던 리베라 대표는 성인이 되고 나서 페루 수도인 리마에서 커피 로스터이자 커퍼Cupper·커피를 맛보고 평가하는 사람로 일했다. 지금의 부인이자 당시 연인이었던 오리진 커피랩의 총괄 매니저인 마리아 그라시아스María Gracias가 미국 시카고에서 공부하게 되면서 2012년 함께 미국으로 떠났다.

시카고는 미국에서 '제3의 물결'을 이끈 스페셜티 커피 전문점 인텔리젠시아 커피Intelligentsia Coffee가 탄생한 곳이다. 그만큼 2010년대 시카고는 어딜 가나 스페셜티 커피를 맛볼 수 있는 환경이 되어 있었다. 리베라 대표도 리마에서의 경력을 살려 시카고에서 떠오르던 스페셜티 커피 회사인 메트릭 커피Metric Coffee에서 로스터로 자리 잡았다. 그는 "페루 사람이지만 나조차도 그때는 페루 커피에 자신이 없었다. 당시에는 페루에 스페셜티 커피라고 부를 만한 커피가 없었다"면서 "시간이 흘러 2017년 페루에서 두 달간 보낸 휴가가 내 인생을 바꿨다"고 털어놨다.

시카고에서 전 세계에서 생산된 다양한 스페셜티 커피를 볶던 그였지만,

두 달의 휴가 중 사촌이 재배한 페루 커피를 마셔보고 정신이 번쩍 들었다. 리베라 대표의 사촌은 샌 이그나시오에서 스페셜티 커피를 소량으로 재배하기 시작한 상황이었다. 리베라 대표는 "사촌이 직접 재배한 부르봉Bourbon 종의 커피를 마신 순간이 내 인생을 바꿨다"고 말했다.

생산량은 많지만 질로는 주목받지 못했던 페루 커피의 가능성을 리베라 대표가 발견한 순간이었다. 부인인 마리아 그라시아스 총괄 매니저는 "두 달의 휴가가 6개월로 늘어났고 우리는 결국 함께 페루로 돌아오기로 결심했다"고 덧붙였다.

다음 해인 2018년 부부는 지인에게 빌린 2만 달러로 커피 수출회사 오리진 커피랩을 창업했다. 부부와 지인까지 3명으로 출발한 회사는 2022년 23명이 일하는 어엿한 종합 커피기업으로 성장했다. 이제 막 성장하기 시작한 페루 스페셜티 커피를 먼저 미국 인맥을 활용해 미국에 판매하기 시작했고,

오리진 커피랩의 호세 리베라(왼쪽)·마리아 그라시아스 부부.

호세 알라르콘 씨가 커피 열매를 건조하는 작업을 보여주고 있다.

이제는 유럽과 한국을 포함한 아시아 등 전 세계에 오리진 커피랩이 발굴한 페루 스페셜티 커피가 팔려나간다.

리베라 대표는 "그동안 페루 커피 농부들은 자신들이 키우는 커피의 가치를 잘 몰랐다"면서 "그냥 자신의 증조부모, 조부모, 부모가 그랬던 것처럼 대대로 물려받은 땅에서 커피를 키우고 수확철이 되면 수확해서 커피 중개인이 쳐주는 가격에 그대로 내다팔았다"고 설명했다. 하지만 페루에서 처음 열렸던 2017년의 CoE를 계기로 페루 농부들은 스페셜티 커피의 가능성을 체감하게 됐다.

오리진 커피랩의 소개로 찾은 40대 농부 호세 알라르콘José Alarcón 씨의 가족 농장 '라 팔레스티나'Finca la Palestina도 그랬다. 하엔에서 자동차로 2시간 20분쯤 달린 뒤에도 20분 가까운 힘겨운 등산 끝에서야 '라 팔레스티나'에

도착했다. 그 역시 보통의 페루 농부들처럼 이전까지는 커머셜 커피만 재배해 오다가 2017년 리베라 대표의 소개로 볼리비아에서 열린 커피 세미나에 참석했다. 그 세미나가 알라르콘 씨의 인생을 바꿨다. 그해부터 알라르콘 씨가 스페셜티 커피를 재배하기 시작했기 때문이다.

원래 알라르콘 씨의 커피는 1헥타르**1만 ㎡**당 1000달러**2025년 9월 기준 약 140만 원** 정도에 팔렸다. 하지만 그가 재배한 스페셜티 커피가 세계적으로 유명한 스페셜티 커피 회사에 팔리면서 상황은 달라졌다. 이제 그의 커피는 1헥타르당 1만 8000달러**약 2530만 원**에 팔려나간다.

그의 농장은 1시간 넘게 비포장 산길을 달려야 도착할 수 있을 정도로 산 속에 있는데 매년 수확기에는 전 세계 스페셜티 커피 회사가 앞다퉈 찾아오는 곳이 됐다. 페루의 일반적인 커피 농장이 그렇듯 닭이 뛰어다니고 부엌 한 켠에는 식용 기니피그**페루에서는 쿠이(Cuy)라고 부른다**가 돌아다니고 있었지만, 이 산 속의 작은 농장에는 이제 현대식 부엌이 들어섰다. 얼마 전에는 세탁기와 와이파이도 설치했다.

이전에도 커피 농부로서 열심히 일하던 그였지만, 살림살이는 늘 팍팍했다고 했다. 작은 규모의 그의 농장에 딸린 식구가 많았고, 그가 생산한 커피는 좋은 대접을 받지 못했기 때문이다. 알라르콘 씨의 형제·자매 10명과 그 식구들이 '라 팔레스티나'에서 함께 생계를 꾸리다보니 쉽지 않았다. 이제 그는 웃으면서 말한다. 알라르콘 씨는 "스페셜티 커피가 우리의 삶을 바꿨다"고 전했다.

리베라 대표는 '라 팔레스티나' 농장 바로 위의 땅 60헥타르**60만 ㎡**를 매입해 소농들과 함께 스페셜티 커피를 재배할 계획도 세웠다. 리베라 대표는 "과학적인 방법을 적용해 스페셜티 커피를 재배하고 소농들과 이익을 나눌 계획"이라면서 "이 땅에서 얼마나 맛있는 커피가 나올지 벌써부터 기대된다"고 전했다.

4. 페루 커피에 반하다-잊지 못할 '카페 콘 리몬'

이미 성공을 거둔 알라르콘 씨의 농장과 달리 페루에서 찾은 대부분의 작은 농장들은 여전히 낙후된 경우가 많았다. 커머셜 커피를 재배하다 스페셜티 커피 재배로 방향을 튼 지 얼마 되지 않은 경우가 특히 그랬다. 보통 커피는 첫 수확까지 최소 3년이 걸린다. 스페셜티 커피에 적합한 게이샤 품종의 커피나무를 새로 심었다면 첫 열매를 따기까지 3년이라는 시간을 기다려야 한다는 뜻이다.

일반적인 페루 커피 농장 내부. 농장과 가정집이 함께 있는 경우가 많은데 이런 부엌에서 닭과 식용 꾸이(기니피그)를 함께 키운다.

그래서 하엔에서 찾은 소농장의 사정은 열악한 경우가 대부분이었다. 알라르콘 씨의 농장에서는 한국의 닭백숙 같은 닭 국물 요리에 국수를 넣은 음식을 대접받고 그가 키운 커피까지 맛볼 수 있었지만 소농장에서는 커피를 맛볼 수 없는 곳이 많았다. 더 정확히는 소농들은 커피를 마시지 않았다.

스페셜티 커피 산지의 농장에서 최고의 커피를 맛보겠다는 의지가 꺾이는 순간이었다. 소농들에게 커피는 지금까지 생계의 수단이었지 그들 자신이 즐기는 음료가 아니었다는 사실에 충격을 받았다. 전 세계 스페셜티 커피 소비자가 집이나 카페 같은 편안한 환경에서 높은 점수를 받은 커피를 음미하는 동안, 정작 커피 생산자들은 정신없이 커피를 수확하고 알맞은 시기에 커피를 판매하느라 맛 볼 여유가 없었다. 특히 커머셜 커피는 빠른 수확 후 정해진 시기에 판매하는 것이 중요해서 더욱 그랬으리라는 생각이 들었다.

커머셜 커피와 스페셜티 커피는 맛 차이만큼 수확 과정도 다르다. 커머셜 커피는 많은 양을 빠르게 수확하는 것이 관건인 만큼 기계나 인간이 '줄따기'Strip 방식으로 커피 열매를 거둬들인다. 커피 열매는 중심 줄기를 중심으로 방사형 배열처럼 자라기 때문에 줄따기가 효율적이다. 반면 스페셜티 커피 수확은 사람이 익은 열매를 선별해 하나하나 따는 '손따기'Hand pick 방식으로 한다. 더 많은 시간과 노동력이 들 수밖에 없다.

커머셜 커피 대신 스페셜티 커피 재배를 결정한 농부들은 뒤늦게 자신들의 커피를 맛보기 시작했다. 맛을 알아야 더 나은 맛의 커피를 재배할 수 있어서 일어난 변화다. 자손 대대로 커피를 재배해 왔지만 정작 그들이 마시던 커피는 인스턴트 커피였는데, 이제는 애지중지 키워 손따기한 커피를 맛본다.

'카페 윌더 가르시아'Café Wilder García 농장의 주인 윌더 가르시아Wilder García 씨의 농장은 조금 달랐다. 규모도 23헥타르23만 ㎡로 컸고 농장도 아주 잘 관리되고 있었다. 그의 농장이 다른 페루 커피 농장과 달리 특별했던 건 그가 제대로 커피를 즐길 줄 안다는 사실이었다.

페루 한 커피 농장에서 커피 열매가 자라는 모습. 연둣빛 열매가 빨갛게 익으면 수확할 때가 왔다는 뜻이다. 스페셜티 커피는 줄따기 방식이 아니라 손따기 방식으로 세심하게 열매를 딴다.

이제 막 30대에 들어선 그는 3세대 커피 농부로 성인이 되자마자 커피 재배에 뛰어들었다. 하엔 시내에서 자동차로 3시간 떨어진 거리에 있는 그의 농장은 비포장 산길을 1시간 정도 달려야 나타날 정도로 깊은 산 속 고도에 자리 잡고 있었다. 힘겨운 이동 끝에 겨우 도착한 그의 농장을 보자마자 페루 커피업계 사람들이 손가락을 치켜들고 그의 농장을 추천한 이유를 알 수 있었다.

더 많은 커피 수확을 위해 빡빡하게 커피나무를 심어둔 수많은 소농들의 농장과 달리, 가르시아 씨의 농장의 커피나무는 사람 한 명이 여유 있게 지나갈 수 있을 정도로 넓은 간격을 두고 심어져 있었다. 스페셜티 커피 재배법으로 인기를 끌고 있는 '그림자 재배 커피'Shade- grown coffee 방식을 따르고 있기도 했다. 땅에 커피나무만 심는 것이 아니라 중간 중간 커피나무보다 큰 과일나무 등을 심어 커피나무에 그림자가 생기도록 만드는 재배법이다.

그림자 재배 방식은 커피나무를 직사광선에 노출시키지 않아 커피나무가 천천히 자라지만 열매의 맛이 복합적이고 풍부해진다. 또 자연 숲처럼 새나 곤충 같은 야생동물의 서식지를 제공하면서 토양 침식을 방지하고 수질도 유지하는 등 환경적으로 더 나은 재배법이라는 점에서 지속가능한 커피 생산 방법으로 주목받고 있다.

윌더 가르시아 씨가 농장 '카페 윌더 가르시아'에서 잘 관리된 커피나무를 보여줬다.

월더 가르시아 씨(왼쪽)가 스페셜티 커피 재배 기술을 전수한 페루 농부의 농장에서 함께 포즈를 취했다.

가르시아 씨는 이 커피 농장에서 게이샤, 옐로 브루봉, 카투라 등 품종이 제각각인 총 25종의 커피를 재배하고 있었다. 같은 농장이라도 재배 위치에 따라, 그러니까 해당 토양의 일조량, 수분 등에 따라 커피 맛이 다를 수밖에 없는데 이렇게 관리하는 구역을 '마이크로랏'Microlot이라고 부른다. 쉽게 설명하자면 A 농장에서 1번에서 20번까지의 마이크로랏이 있고 이곳에 다 똑같은 품종의 커피를 심었다고 해도 1번 랏과 20번 랏의 맛은 다를 수 있다. 보통은 해당 토양의 상황에 맞게 다른 품종의 커피나무를 심는다. 결국 소비자가 '페루**국가** | 카페 월더 가르시아**농장** | 마이크로랏 20**농장 마이크로랏 번호** | 게이샤**품종** | 워시드**가공 방식**' 커피를 맛볼 수 있는 세상이 됐다는 뜻이다.

가르시아 씨는 보통의 페루 농부들과 다르지 않게 커피 재배를 시작했다. 그가 18살이던 2009년 처음 커피 재배를 시작해야겠다고 결심했을 때 그의 가족 커피 농장의 크기는 4헥타르4만 ㎡에 불과했다. 하지만 그는 야심이 있었고, 페루 커피 수출업자가 주도한 농원 지도원 연수에 스스로 참석해 선진적인 커피 재배 기술을 배웠다. 이 때 배운 새로운 커피 재배법을 농장에 적용했고, 실험 정신까지 더해지니 그의 커피는 특별한 커피가 됐다.

스페셜티 커피가 페루에서 낯설었던 때 가르시아 씨는 이미 스페셜티 커피를 스스로 재배하기 시작한 셈이다. 한마디로 '스마트 커피 농부'였던 가르시아 씨의 커피는 품질이 좋았고 품질이 좋은 만큼 높은 가격에 팔려나갔다. 그는 "매년 발효 방식을 달리하거나 건조 시간을 조정하는 등 실험을 통해 품질을 향상시키는 데 많은 노력을 기울였다"고 설명했다.

'카페 윌더 가르시아' 농장에서 윌더 가르시아 씨의 어머니(오른쪽)와 가족들이 점심 식사를 준비하고 있다.

실험에 실험을 거듭한 끝에 그는 23헥타르의 대규모 커피 농장 주인이 됐다. 이제 가르시아 씨는 페루를 넘어 브라질, 콜롬비아, 볼리비아 등 스페셜티 커피 대국에서도 커피 재배 컨설팅을 하는 어엿한 커피 생산자가 됐다.

무엇보다 가르시아 씨의 커피 농장에서 가장 놀란 점은 웬만한 도시의 카페 바리스타 못지 않은 커피 도구를 갖추고 있었다는 점이다. 가르시아 씨의 부모님은 우리에게 송어 튀김을 점심으로 마련해 주셨는데, 송어와 감자, 밥이 모두 맛있었고 그의 커피 맛도 정말 끝내줬다. 그림자 재배법으로 세심하게 재배한 마이크로랏 커피를 직접 볶은 뒤 코만단테 그라인더**독일산 그라인더로 커피 그라인더계의 명품으로 불린다**로 손수 갈아서 핸드 드립으로 내렸으니 맛이 없을 수가 없었다. 페루에 도착한 지 수 일이 지나서야 진짜 제대로 된 산지의 스페셜티 커피를 맛봤다.

'카페 윌더 가르시아'에서 점심으로 대접받은 송어 튀김, 감자, 밥, 그리고 맛있는 커피. 감자와 밥을 기본으로 생선이나 닭 같은 단백질을 추가하면 훌륭한 페루 커피 농장 가정식이 된다.

그의 커피만큼 더 뇌리에 각인된 맛은 그의 어머니가 내온 정체불명의 음료였다. 식사 전 농장 투어로 목이 말랐던 우리 일행에게 내놓은 음료는 갈증 해소에 최고였는데 태어나서 한 번도 맛본 적이 없는 맛이었다. 적당한 정도로 달콤하고 과하지 않게 상큼했다. 알고 보니 아주 연하게 내린 커피에 레몬즙을 섞은 음료로 '카페 콘 리몬'Café con Limón이라고 불린다고 했다. 페루 고지대에서 마시는 일상 음료라고 했다. 차가운 아이스 커피 맛이 살짝 나는데 레모네이드가 섞여 커피 자체의 단맛과 레모네이드의 신맛이 조화로웠다. 이제는 한국에서도 카페 레모네이드라는 이름으로 이 음료를 파는 곳이 생겼는데, 그때 가르시아 씨의 농장에서 맛본 '카페 콘 리몬'만큼 맛있는 커피는 아직 찾지 못했다.

'카페 윌더 가르시아'에서 맛본 잊지 못할 '카페 콘 리몬'.

5. 페루에서 만난 특별한 인연

커피를 처음 접했을 때가 언제인지 떠올려보니 중학생 때 독서실에서 시험 기간 잠을 깨기 위해 마셨던 캔커피였다. 그때의 캔커피는 당장 잠을 쫓고 정신이 번쩍 들도록 당을 충전하는 수단 정도였다. 그런 와중에 커피에 대한 생각을 바꾸게 된 계기가 생겼다. 중학교를 다니면서도 그만두지 못했던 피아노 교습실에서 마셨던 커피 한 잔이다.

피아노에 재능이 있었던 것도, 딱히 피아노를 전공하려던 계획도 없었는데 초등학교 때 다니던 동네 피아노 교습소를 중학생이 되고 나서도 관성적으로 다녔다. 학교 수업을 마치고 학원에 가면 동네 꼬마들은 이미 피아노 연습을 모두 마치고 떠났고, 혼자서 원장 선생님과 수업을 하던 조용한 시간이었다.

그래서인지 원장 선생님은 나를 꽤 어른 취급 해줬던 것 같다. 어느 날부터 선생님은 혼자 마시던 '원두 커피'를 연하게 만들어 한 잔씩 주기 시작했다. 커피라고는 캔커피 아니면 뜨거운 물에 타서 마시는 인스턴트 커피밖에 모르던 중학생에게 예쁜 찻잔에 담긴 '원두 커피' 한 잔은 진짜 어른의 세계로 초대했다. 갈아놓은 분쇄 커피를 커피 메이커에 넣어 내린 뒤 뜨거운 물을 많이 탄, 인스턴트 커피보다 조금 더 나은 정도의 커피였지만, 그때는 그 커피가 정말 맛있었다. 커피는 '어른의 맛'이었다.

진짜 커피의 세계에 눈을 뜬 건 대학에 와서부터다. 스타벅스가 서울 이화여대 앞에 1호점을 낸 것이 1999년이고 내가 대학에 입학한 해가 2005년이었으니 카페 문화가 이미 자리 잡은 시절이었다. 스타벅스, 커피빈도 종

종 갔고 그보다 더 저렴한 학교 앞 여러 카페에서 커피를 마시며 과제를 하거나 시험 공부를 했었다. 하지만 학교 앞에서 가장 좋아하던 공간은 단연코 '보헤미안'현재 라플루마앤보헤미안이었다.

맛있는 커피와 치즈케이크를 먹을 수 있다는 말에 친구와 함께 찾은 '보헤미안'은 신세계였다. 대학생보다는 교수가 앉아 있어야 더 어울리는 공간이었는데, 문을 열면 커피향이 진하게 났다. 사실상 이곳에서 처음으로 핸드드립 커피를 접했다. 당연히 커피는 맛있었고 커피에 대해 관심이 생기기 시작했다.

늦게 알았지만 '보헤미안'은 한국 1세대 바리스타인 박이추 선생의 제자가 운영하던 가게였다. 박이추 선생은 1960~1970년대 일본에서 핸드드립 문화가 꽃피던 시기 커피를 배웠고, 1988년 서울 혜화동에 '가배 보헤미안'을 열었다. 커피하면 인스턴트 커피, 커피를 마시는 곳은 다방이 당연했던 당시에 박 선생은 직접 로스팅한 원두로 핸드드립 커피를 선보였으니 시대를 앞서도 한참 앞섰다. ('보헤미안 커피'는 2002년 강릉으로 가게를 옮겼고, 2004년 강릉 연곡면에 본점을 지으면서 현재는 '보헤미안박이추커피'라는 이름으로 운영 중이다.)

서울 안암동 '보헤미안'은 박이추 선생에게 커피를 배운 제자 최영숙 대표가 서울에서 운영하는 핸드드립 전문점이었다. 학창 시절 안암동 '보헤미안'을 찾았을 때는 전혀 몰랐던 사실이지만 뒤늦게 커피에 빠져 조사를 하다 보니 상당히 의미 있는 곳이었다. 안타깝게도 단골이라고 할 만큼 자주 가지는 못했는데, 학생이 내기에는 커피 값이 꽤 비쌌던 탓에 특별한 날에만 갈 수 있었다. 그런 '보헤미안'과 인연이 있는 사람을 엉뚱하게도 페루에서 만났다.

하엔에서 페루 북부 곳곳의 커피 농장을 찾고 농부들을 인터뷰하고, 커핑하는 일을 반복하다보니 저녁에는 늘 허기졌다. 점심은 늘 농장에서 주는 현지식을 먹었는데, 다행히 향신료가 강하지는 않아서 입맛에 맞았지만 취재에 신경이 곤두서다보니 숙소로 돌아올 즈음에는 배가 울리기 일쑤였다.

그래서 저녁마다 박나리 대표의 방에서 이현기 대표와 셋이 모여 한국에서 싸온 라면과 햇반을 먹거나 현지에서 조달한 재료로 찌개 같은 한식을 만들어 먹곤 했다. 하루는 그런 저녁 자리에 커피리브레 서필훈 대표가 왔다. 다이렉트 트레이드를 하는 커피 회사의 생두 바이어들이 수확기 산지를 찾아 농부들과 관계를 쌓고 그해 가장 맛있는 생두를 확보하는 것이 당연한 만큼 서 대표도 막 페루 하엔을 찾은 참이었다.

모모스커피 이 대표는 서 대표가 페루에 도착했다는 소식을 듣고 숙소에 그를 초대했다. 두 대표는 한국에서 다이렉트 트레이드가 낯설고 각자 맨땅에 헤딩하던 시절, 산지에서 만나는 일이 잦아지면서 친해졌다고 했다.

한식과 맥주를 앞에 두고 화기애애한 저녁 자리가 펼쳐졌다. 커피라는 공통점이 있는 네 사람이 커피 산지에서 만났으니, 이야기가 끊이지 않았다. 왜 스페셜티 커피를 시작했느냐는 질문에 서 대표는 대학원을 다니던 시절 아르바이트 했던 안암동 '보헤미안'이 계기였다고 말했다. '보헤미안'에서 마신 커피 한 잔이 그를 커피의 세계로 이끌었다고 했다.

알고 보니 서 대표가 학교 선배였을 뿐만 아니라, 어쩌면 내가 '보헤미안'에서 마셨던 커피를 서 대표가 내려줬을지도 모른다는 생각이 들었다. 이 정도면 꽤 엄청난 인연 아닐까. 서 대표처럼 '보헤미안'의 커피가 나를 커피 업계로 이끌지는 않았지만, 애정을 가지고 커피업계를 취재하는 기자로 이끌어준 건 아닐까 생각하니 재밌었다.

서 대표가 생두 바이어로 중남미, 아프리카를 누리다 못해 니카라과에 커피 농장을 사서 관리하고 있는 이야기, 코로나19 팬데믹으로 비행편이 막혀 산지에서 발이 묶여 쓰기 시작했다는 에세이 이야기까지, 그의 모험담을 듣고 있자니 밤도 샐 수 있을 것 같았다. 이후 서 대표를 따로 만난 적은 없지만 페루에서 보낸 가장 인상적인 저녁으로 기억에 남아 있다.

6. 잘 만든 커피는 인생도 바꾼다 – 페루 커피협동조합

    커피 농사는 쉽지 않다. 커피나무가 주로 높은 고도에서 자라는 만큼 농장 관리를 위해서는 등산을 밥 먹듯이 해야 한다. 병충해를 피하기 위해 과도하게 농약을 쓰면 반짝 수확량이 늘 수 있지만 환경에 피해가 가는 것은 물론이고 토질의 변화로 장기적으로 지속가능하지 않다.

    어렵게 커피 열매를 수확한 뒤에도 끝이 아니다. 수확한 커피 열매를 껍질째 그대로 낮 시간에 햇볕에 말렸다가 이슬비를 맞지 않도록 천으로 덮어주는 과정을 한 달가량 반복하는 '내추럴'Natural·건식 가공법 방식을 따를지, 물을 활용하는 '워시드'Washed·습식 가공법 방식을 따를지 정해야 한다. 워시드 가공의 경우 커피 열매를 물에 담가 잘 익은 열매만 골라내고 과육 제거기로 열매 껍질과 과육을 제거하고 나서, 점액질로 덮인 내과피를 발효 수조에서 20시간 정도 발효한다. 이후 점액질이 벗겨진 상태에서 다시 물로 씻어낸 다음 햇볕이나 기계로 말리는 방식을 뜻한다. 내추럴과 워시드 가공방식의 중간쯤인 '세미 워시드'Semi-washed·반습식법 혹은 '허니 프로세스'Honey process라고 불리는 가공법도 있다. 물로 커피를 둘러싼 껍질과 과육을 제거하는 것은 워시드와 같지만 점액질을 일부 남겨놓고 내과피를 건식으로 말리는 방식이다. 끈끈한 점액질이 꿀을 연상시키고 결과물 또한 달콤하다고 해서 허니 프로세스라고 부른다.[06]

    사실 농부가 원한다고 해서 가공 방법을 마음대로 선택할 수 있는 것도 아니다. 물이 부족한 지역에서는 워시드 가공을 하고 싶어도 할 수 없고, 수

발효 중인 커피 열매.

로를 만들고 과육제거기를 설치하고 발효 탱크를 만드는 등 기본 시설이 갖춰져야만 할 수 있다. 내추럴 가공법은 워시드 가공법만큼 많은 투자가 필요하지는 않지만, 커피 열매를 말릴 장소도 별도로 필요하고 건조 기간이 한 달가량으로 길기 때문에 세심한 관리를 해야 한다.

페루에서 방문한 커피 농장들의 경우 소규모 개인 농장일수록 가공 시설이 열악했다. 가령 A라는 농부가 재배한 커피가 워시드로 가공했을 때 더 좋은 결과가 나온다고 해도 그 농부가 시설 투자를 할 수 있는 여력이 안 되면 A 농부가 재배한 커피는 늘 비슷한 수준에 머물게 된다. 대규모 대량 생산을 자랑하는 브라질을 제외하고는 페루를 비롯한 대부분의 중남미 커피 생산자들의 1인당 재배 면적은 1~3헥타르^{1만~3만 ㎡}에 불과하다. 재배 면적이

커피 열매를 수확해 껍질과 과육을 제거한 뒤 발효를 거쳐 물로 씻어내는 워시드(습식) 가공 모습.

작으니 좋은 커피를 생산한다고 해도 많은 수익을 내기는 어렵고, 재투자는 더 어려워진다. 또 조상 대대로 물려받은 작은 커피 농장에서 집안에서 하던 방식대로 커피를 재배하다 보니 결과물에 변화가 없고 근근이 먹고 사는 정도에 만족해야 하는 실정이다.

 이 같은 구조를 해소하기 위해 소농들은 협동조합을 꾸려 대응하고 있다. 일종의 규모의 경제다. 한 사람이 재배하는 커피 농장 규모는 겨우 1~3헥타르1만~3만 ㎡에 불과하더라도 20명이 모이면 20~60헥타르20만~60만 ㎡의 땅이 된다. 소농들이 이 땅에서 나오는 결과물에 대한 이익을 나누기로 하고 함께 재배한다면 더 좋은 커피를 재배할 가능성이 커진다. 또 조합 차원에서 정부 농업진흥기관과 협상해 커피 가공 시설 지원을 받거나, 투자자를 찾아 시설 투자를 받을 수도 있다.

2019년 커피협동조합 '알프스 안디노스'Alpes andinos를 세운 에릭 하라Eric Jara 씨도 그런 경우였다. 커피 수출기업에서 일하는 그는 하엔에서 약 2시간 정도 떨어진 라 코이파La Coipa 지역의 소농 25명과 함께 커피협동조합을 꾸렸다. 영어를 할 수 있고 수출 경험이 있는 하라 씨에게 소농들이 먼저 손을 내밀었다.

실제로 가본 이들의 농장은 소박했다. 이제 막 투자가 시작돼 마을에서 공동으로 쓰는 워시드 가공을 위한 수로 시설이 막 갖춰진 상황이었다. 평생 근근이 살아온 이들에게 이제 희망이 생겼다. 다 같이 모일 마땅한 장소가 없어 흙으로 만든 초등학교 교실에서 짧은 인터뷰를 할 수 있었다.

3년에 한 번 선거를 통해 회장과 부회장을 뽑아 운영하는 방식으로 최대한 민주적으로 운영하고 있었다. '알프스 안디노스' 설립 이후 두 번째 조합

커피협동조합 '알프스 안디노스'를 설립한 에릭 하라 씨.

페루 라 코이파 지역의 마을 학교에서 커피협동조합 '알프스 안디노스' 소속 농부들에게 조합 운영과 스페셜티 커피를 재배한 이후의 삶에 대해 인터뷰했다.

장이 된 엘메르 크루즈 가르시아 Elmer Cruz Garcia 씨는 "조합이 생긴 후 목표는 모든 조합원이 좋은 스페셜티 커피를 생산해서 조합 전체가 잘 되는 것"이라며 "나만 잘 되는 것보다 힘을 합쳤을 때 더 좋은 결과가 있다는 것을 알기 때문이다"고 말했다.

조합 창립자이자 지금은 매니저인 하라 씨의 도움으로 페루 스페셜티 커피 생산을 선도하고 있는 농부 월더 가르시아 씨를 소개받았다. 가르시아 씨는 "월더가 무료로 커피 재배 컨설팅을 해줘서 조합으로서는 큰 도움을 받았다"면서 "수확기가 되면 이렇게 커피 바이어들이 농장을 찾는데 우리가 키우는 커피에 관심을 가져주는 것이 감사할 뿐만 아니라 커피를 재배하는 데 큰 격려가 된다"고 말했다.

조합원 중 한 명인 토마스 부에노 메디나르 Tomas Bueno Medinar 씨는 "스페

페루 라 코이파 지역의 커피협동조합 '알프스 안디노스' 사람들.

셜티 커피를 통해 소비자와 연결된다는 감각이 좋다"면서 "이익 측면에서도 커머셜 커피를 재배할 때와 비교해 2~3배는 늘어났고, 게이샤 종 같은 경우 4~5배 더 많이 받을 수 있다"고 전했다. 더 많은 수익은 재투자로 이어지고, 더 질 좋은 커피를 생산할 수 있어 선순환이다.

'알프스 안디노스'의 창립자이자 매니저인 하라 씨는 조합 설립 이후 새로운 가능성이 보인다고 말했다. 그는 "(2022년 기준) 페루 커피의 95%가 커머셜 커피고 5%만이 스페셜티 커피다"며 "모든 농부가 커피 퀄리티에 관심이 있는 것은 아니지만 좋은 친구인 윌더와 함께 커피 컨설팅을 하다 보니 관심을 갖는 농부가 확실히 늘어나고 있다"고 덧붙였다. 그는 이제 막 걸음마 단계인 '알프스 안디노스'에서 생산하는 커피를 제값에 팔고, 최종적으로는 이익의 일부를 모아 하엔에 드라이밀Dry mill·건식 가공소을 세우고 싶다고 말했다. 조합 전용 드라이밀이 생기면 생산 비용을 줄일 수 있어서다. 드라이밀은 커피 농부들이 가공한 커피를 최종적으로 생두 상태로 가공하고, 결점두를 분리한 뒤 포장하는 시설이다. 쌀을 도정하는 정미소 역할을 드라이밀이 한다.

커피를 가공하는 방식은 더욱 과학적이고 정교해지고 있다. 똑같은 곳에서 자란 같은 종류의 커피라도 가공 방식에 따라 맛이 달라져서다. 수확이 끝이 아니라는 얘기다. 워시드 가공을 할 때도 발효를 몇 시간 하느냐, 발효할 때 첨가물을 넣느냐 안 넣느냐 등 방식이 천차만별이다. 커머셜 커피 시대에서 스페셜티 커피 시대로 진화하면서 소농보다는 자본력 있는 대규모 농장이 유리할 수밖에 없는 시대가 됐다. 하지만 페루에서 만난 소농들은 협동조합을 꾸려 이에 대항하고 있었다. 페루 산지에 다녀오고 나서는 그동안 비싸게만 느껴졌던 스페셜티 커피 한 잔이 더 이상 비싸게 느껴지지 않았다.

페루 하엔 시내의 드라이밀. 쌀을 정미소에서 정미하는 것처럼, 드라이밀에서 마지막 가공을 거쳐 생두를 포장한 후 유통한다.

7. 페루에서 에콰도르로, 우당탕탕 국경을 넘다

페루에서의 일주일 일정을 소화하고, 이제 에콰도르로 떠날 시간이었다. 농장 방문과 커핑을 도와주는 커피 수출업자들도 주말에는 보통 쉬기 때문에 약간의 여유가 생겼다. 페루 수도 리마에서 하엔까지 항공편이 일주일에 한 편밖에 없는데 하엔에서 에콰도르까지 직항 항공편이 있을 리 만무했다. 주말이라는 시간을 활용해, 리마로 돌아가서 비행기를 타는 대신 사설 택시를 타고 육로로 이동하기로 했다.

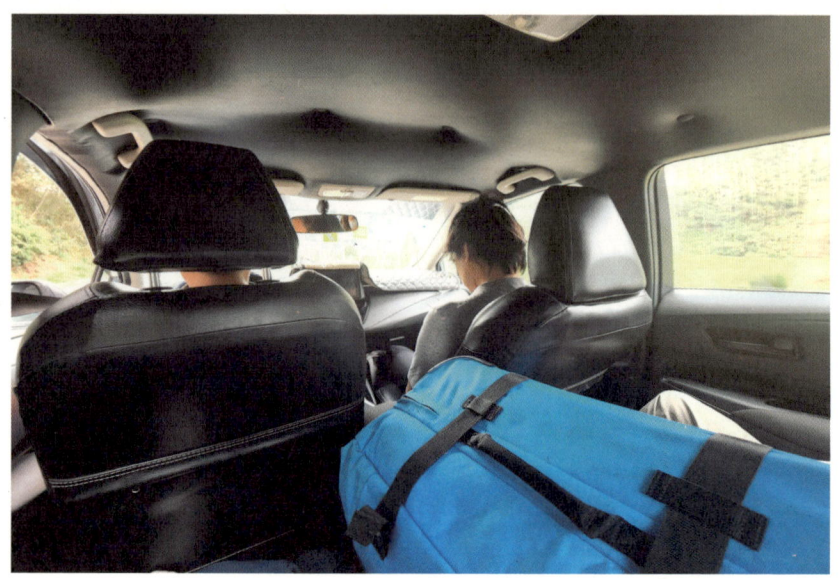

사람과 캐리어로 가득찬 작은 승용차를 타고 페루에서 에콰도르의 국경을 육로로 넘었다.

유럽처럼 많은 나라가 국경을 맞대고 있는 중남미에서는 육로 이동이 흔하다. 인접한 국가 국민들은 여권 확인 없이도 손쉽게 국경을 넘나들었다. 하라 씨의 도움으로 드라이버 섭외까지 마쳤다. 에콰도르는 페루 북부 지역을 접하고 있어 북쪽으로 달릴 일만 남았다.

주말을 활용해 에콰도르 휴양도시 빌카밤바Vilcabamba에서 1박을 하고 에콰도르의 대표 커피 산지인 로하Loja로 넘어가기로 했다. 역시나 하엔에서 차로 7시간이나 가야 도착할 수 있는 곳이었다. 이번에도 덜컹거리는 차량에 몸을 맡길 시간이었다.

페루에서 탔던 차량과 달리 이번에는 작은 승용차가 나타났다. 그 말인즉, 운전자까지 사람 4명과 큰 캐리어 3개를 모두 싣는 일이 만만하지 않다는 뜻이다. 트렁크에 짐 2개를 겨우 밀어 넣고 뒷자석에도 캐리어를 테트리스처럼 실은 뒤에야 출발할 수 있었다. 갈 길이 멀어 출발 시간도 일러서 피로도는 더 컸다.

지난 일주일 동안 커피 농장을 둘러본다는 이유로 하루에 2~3시간씩 산길을 달리고도 차가 닿지 못하는 농장까지 등산을 거듭한 끝에 모두 지쳐있었다. 영어를 할 줄 모르는 커피 농부들과 영어를 할 줄 아는 커피 에이전트를 거쳐 영어로 인터뷰를 하는 일도 고됐다. 인터뷰는 한국어로 해도 충분히 지치는 일인데, 다른 나라 언어로 그것도 네이티브가 아닌 사람들끼리 하는 인터뷰는 2배 이상의 에너지가 들었다.

에콰도르로 향하는 차 안에서도 우리는 출발한 지 얼마 되지 않아 모두 골아 떨어졌다. 한참 졸다 깨서도 목적지까지 한참 남아 커피리브레 서필훈 대표의 에세이 <커피를 좋아하면 생기는 일>을 읽기로 했다. 페루에서 서 대표를 만난 뒤 바로 전자책으로 구매했다. 커피 산지에서 다이렉트 트레이드를 하며 서 대표가 겪은 일을 읽고 있자니 이 상황이 전부 흥미롭게 느껴졌다. 이동의 지루함도 덤으로 덜 수 있었다.

페루와 에콰도르 사이 국경.

말이 별로 통하지 않는 운전기사와 적당한 중간 지점에서 이번에도 닭으로 만든 점심 식사를 마치고 에콰도르로 향했다. 그나마 페루 사람들의 주식이 쌀과 감자, 닭, 생선 등이어서 입맛에 잘 맞았다. 이때까지만 해도 어이없이 하엔행 비행기를 놓쳤던 페루에서와 달리 순조롭게 일이 진행되고 있다고 믿었다.

드디어 국경 검문소에 도착했다. 작은 자동차 탓에 한 손으로 캐리어를 붙잡고 타야 하는 불편함에서 곧 해방되겠구나 하는 기쁨이 컸다. 그런데 역시 이번 산지 취재는 호락호락하게 넘어가는 법이 없었다. 페루와 에콰도르 사이 국경 검문소 문이 굳게 닫혀 있었던 것이다.

상황 파악을 하겠다고 검문소로 뛰어간 운전기사는 어두운 표정으로 돌아왔다. 처음에는 말이 통하지 않아 무슨 뜻인지 몰랐는데 손짓과 발짓에다가 나중에는 운전기사를 소개해 준 하라 씨에게 전화를 걸어 운전기사가 하는 말을 확인해보니 주말이라 검문소에서 일하는 사람이 없다는 대답이 돌아왔다.

허탈했다. 이제 와서 다시 7시간을 운전해 하엔으로 되돌아갈 수는 없었다. 명색이 국경인 만큼 이를 지키는 군인인지 경찰인지는 있었는데 정작 여권을 검사하고 도장을 찍어줄 출입국 관리 직원이 없다는 점이 문제였다. 현지인들은 운전등록증 같은 현지 신분증만으로도 국경을 통과할 수 있으니 출입국 직원이 없어도 된다. 하지만 우리 같은 외국인은 사정이 달랐다.

아무것도 없는 국경 마을에서 월요일이 될 때까지 버티는 것도 말이 안 됐다. 시간 낭비이기도 했고 관광지가 아니다보니 호텔을 찾기도 쉽지 않아 보였다. 무엇보다 에콰도르에서 방문해야 할 농장 일정도 빡빡했다. 무슨 일이 있어도 이날 에콰도르 국경을 넘어야 했다. 운전기사에게 간절한 뜻을 전하자 경비를 서는 사람에게 말해보겠다고 했다. 그를 기다리던 몇 십분 동안 아무것도 없는 국경에서 뻘쭘하게 서 있어야 했다. 더 웃긴 일도 일어났다. 외국인을 보기 힘든 시골 마을이어선지, 페루에도 K-컬처 바람이 크게 불어서인지는 모르겠지만 우리는 사진을 같이 찍어달라는 페루 소녀들에게 연달아 붙잡혔다. 어이없는 이 상황에 허탈한 웃음이 자꾸 나왔다. 아마 우리와 사진을 같이 찍은 페루 소녀들의 휴대전화 화면에는 세상 환하게 웃는 한국인이 찍혀 있을 거라고 확신한다.

한참을 기다린 끝에 운전기사가 돌아왔다. 역시나 말은 통하지 않았다. 답답해진 그는 마법의 손짓을 선보였다. 엄지와 검지를 붙이고 비비는 동작, 그렇다. 전 세계인 누구나 다 아는 그 동작이다. 국경 경비대에 돈을 쥐어주면 어떠냐는 제안이었다. 과연 통할지 반신반의하면서도 국경 경비대를 만났다. 의외로 친절했던 그는 집에서 간식으로 싸온 것 같은 빵을 우리에게 제안했다. 사실 여행지에서 낯선 사람이 주는 음식, 그것도 포장 안 된 음식은 먹으면 안 된다고 배웠지만 이때만은 '을 중의 을'인 우리가 호의를 거절할 수 없었다. 웃으면서 받아든 빵을 먹으며 또 한참을 기다렸다.

보스와 상의해보겠다던 그는 결국 차량 통과를 허락해줬다. 순간 긴장이 탁 풀렸다. 드디어 에콰도르에 가는구나 하는 마음과 빨리 국경에서 멀리 벗어나고 싶다는 마음이 함께했다. 여권에 에콰도르 입국 도장이 없어 한편으로는 걱정되었지만, 출국 걱정은 그때 가서 생각하기로 했다. 나름 아찔하게(?) 국경을 넘은 에피소드를 하나 적립하지 않았냐고 다같이 웃어 넘겼다.

8. 커피가 이어준 인연 - 에콰도르에서 만난 커피 가족

힘들게 국경을 통과한 뒤 도착한 에콰도르 빌카밤바에서는 푹 쉬기로 했다. 분위기는 인도네시아 발리 같기도 하고 태국 치앙마이 같기도 한, 개성 있는 휴양지 느낌의 도시였다. 묵은 곳은 온수풀이 딸린 꽤 괜찮은 숙소였는데도 숙소비가 저렴해 중남미의 물가를 실감했다.

이곳 숙소에서 에콰도르 일정을 함께할 조나단Jonathan과 티카Tica를 만났다. 에콰도르 제2의 도시 과야킬에서 아버지와 함께 커피 수출 가족회사를 운영하는 남매였다. 조나단은 우리가 국경 통과를 씨름할 때 국경 경비대에 전화로 우리 사정을 열심히 설명해줬다. 둘은 모두 미국에서 유학해서 영어가 유창했고, 무엇보다 일주일이라는 긴 시간 동안 운전기사이자 커피 에이전트이자 통역자로 맹활약해줬다. 모모스커피 이현기 대표와는 오랜 인연으로, 조나단의 에콰도르 결혼식에 이 대표가 참석했을 정도로 막역한 사이다.

빌카밤바에서 푹 쉰 다음 날 본격적인 농장 방문 일정이 시작됐다. 에콰도르 커피가 페루 커피와 어떻게 다를지 기대가 컸다. 사실 에콰도르는 페루에 비하면 커피 생산량이 많지 않다. 남쪽으로는 페루, 북쪽으로는 콜롬비아 사이에 낀 작은 나라인 만큼 어쩌면 당연한 얘기다. 미국 농림부USDA에 따르면 2024/2025 시즌 전 세계 커피 생산량 기준 에콰도르는 25위에 올라있다. 60kg 백으로는 35만 5000백, 글로벌 커피 생산량의 약 0.2%를 차지한다.[07]

1980년대만 해도 에콰도르는 커피 생산 대국이었다. 커피나무를 키우기 딱 알맞은 기후 조건으로 1980년대 에콰도르의 커피 생산량은 60kg 백으로

250만 백이라는 엄청난 생산량을 자랑했다. 그런데 당시에는 스페셜티 커피의 개념이 없던 때라 대부분 농부들이 생산한 커피는 커머셜 커피로 헐값에 팔려 나갔다. 커피 생산량이 더 많은 이웃나라 페루, 콜롬비아와 경쟁해야 하니 에콰도르 농부들은 키우기 까다롭지만 수익은 많지 않은 커피 대신 사탕수수, 코코아, 옥수수 같은 작물을 키우기 시작했다.

그렇게 에콰도르는 중남미 커피산지로는 점점 잊혀져갔다. 그런데 스페셜티 커피의 등장으로 상황이 달라지기 시작했다. 에콰도르의 고도 2000m 전후 토양과 온화한 기후가 스페셜티 커피가 자라기 좋은 환경이라는 것을 농부들이 깨닫기 시작했다. 특히 '컵 오브 엑설런스'CoE가 에콰도르에서 열리기 전 에콰도르 커피업계에서 자체로 시작한 생두 품질 경연대회 '타사 도라다'Taza Dorada가 결정적인 역할을 했다. 영어로는 '골든 컵'Golden cup이라는 뜻이다. 에콰도르 커피협회가 커피 생산자들이 더 좋은 커피를 생산하도록 독려하고, 커머셜 커피에서 스페셜티 커피로 생산 전환을 유도하기 위해 2007년 시작한 대회다.

이런 노력은 효과가 있었다. 에콰도르의 커피 생산량이 다시 증가하기 시작했다. 게다가 에콰도르 커피 생산자들이 커피 재배에 과학을 도입하는 데 주저하지 않으면서 에콰도르 커피는 다시 명성을 되찾고 있었다.

에콰도르가 페루보다는 작은 나라라고는 하지만 역시 이동은 만만하지 않았다. 에콰도르 농장 방문 일정은 에콰도르 스페셜티 커피 본산이라고 불리는 도시 로하Loja를 중심으로 움직이기로 했다. 페루에서는 내내 하엔에 머물면서 커피 농장을 왔다갔다 했다면 에콰도르에서는 농장 방문지에 따라 숙소를 옮겨가며 움직였다.

로하는 인상적인 곳이었다. 페루 하엔의 열대우림 같은 느낌보다는 평원에서 커피나무가 자란다는 인상이 강했다. 물론 고도는 1800~2000m로 높은 곳이지만 페루보다는 산세가 험하지 않았다. 또 에콰도르 생산자들은 스페셜티 커피 생산을 위해 과학적인 실험을 거듭하고, 이를 도입하는 데도 주저하지 않아서 인상 깊었다.

이 같은 변화를 이끄는 주역은 에콰도르의 젊은 농부들이었다. 이들은 영어를 배우고, 최신 커피 재배 기술을 배워 이를 농장에 적용하는데 스스럼이 없었다. 에콰도르에서는 이들을 '뉴 제너레이션'New generation · 신세대 이라고 불렀다.

파블로 안드레 에기구렌Pablo Andres Equiguren 씨도 그런 '뉴 제너레이션' 중 한 사람이었다. 2022년 막 서른 살이 된 그는 가족 농장 '엘 아구아카테'El Aguacate를 물려받은 후 처음 수확한 커피로 2021년 열린 에콰도르 CoE에서 2위를 차지하면서 화제를 모았다. 아보카도라는 뜻의 농장 이름에서 알 수 있듯 원래 이곳은 아보카도, 사탕수수 같은 다른 작물을 심는 곳이었다.

에콰도르 '엘 아구아카테' 농장에서 파블로 안드레 에기구렌 씨. 커피나무 간격이 넓고, 과일나무를 함께 심어 지속가능한 농업을 실천하는 농장이었다.

커피나무에 그늘을 드리워주는 망고나무.

그는 2019년 본격적으로 농장을 경영하게 되면서, 사탕수수 대신 커피나무를 심었다. 대학에서 산업공학을 전공했는데 농장을 경영하겠다고 결심한 이후 최신 스페셜티 커피 재배법을 독학했다. 혼자 공부했다는 영어도 수준급이었다.

에기구렌 씨의 농장은 한눈에 봐도 체계적으로 잘 관리되고 있다는 인상을 받았다. 커피나무 사이의 간격도 넓었고 농장 중간 중간에 과일나무를 함께 심어 환경 보호에도 좋고 커피나무가 튼튼하게 자라게 해주는 '그림자 재배'도 도입한 농장이었다.

이런 환경이니 첫 수확한 커피가 CoE 2위를 차지한 것이 바로 이해가 됐다. 우리가 농장을 찾았을 때는 이미 수확한 대부분의 커피가 해외 수출 계약을 마친 상황이었다. 그만큼 CoE 2위 이후에도 그의 커피는 스페셜티 커피 업계에서 인정받고 있다는 뜻이었다. 이제 막 30대가 된 젊은 농부인 만큼 에기구렌 씨의 꿈은 컸다. 그는 "로하의 커피가 마치 와인의 샴페인처럼 고급 커피의 대명사가 될 수 있도록 힘을 보태고 싶다"고 말했다. 그의 진심이 전해졌다.

에콰도르의 스페셜티 커피 재배 붐은 곳곳에서 느껴졌다. 농학자로 에콰도르의 대형 농업회사에서 근무했던 세르비오 곤잘레스Servio González 씨는 스스로 커피 농부가 되기로 결심하고 2014년 커피나무를 심기 시작했다. 그의 농장 '클라라 루즈'Finca Clara Luz에서 재배한 커피는 2021년 '타사 도라다'에서 2위와 4위를 차지하면서 주목받고 있다. 농학자였던 만큼 최신 재배 기술을 도입한 것이 주효했다. 곤잘레스 씨는 마흔이 되던 해 커피를 재배하기로 결심했는데, 커피에서 가능성을 봤기 때문이라고 설명했다. 젊은 농부들이 최신 기술과 정보를 바탕으로 커피 재배에 뛰어드니 에콰도르의 커피 질이 단기간에 빠르게 좋아진 것은 다 이유가 있다는 생각이 들었다.

농학자 출신인 또 다른 농부 앙헬 레예스Angel Reyes 씨는 자연 환경을 극복하는 도전을 하고 있었다. 그의 농장 '아그로 로하'Agro Loja는 3대째 내려오는 집안 농장인데 전문 농업 기술을 접목하면 더 좋은 성과를 낼 것이라 보고 2018년에 와서야 농장 경영에 참여하기 시작했다. '아그로 로하'는 27헥타르 **27만 ㎡**에 달하는 대형 농장이었는데, 최근 기후변화로 강우량이 부족해지자 인근 강에서 물을 끌어오는 관개 시설 2개를 새롭게 설치했다. 또 커피나무가 평소에 일정하게 물을 흡수할 수 있도록 친환경 특수젤을 토양에 함께 넣는 방식도 도입했다. 말랑말랑한 특수젤은 마치 기저귀가 물을 흡수하듯이 물을 머금고 있어 커피나무의 뿌리가 마르지 않도록 하는 역할을 한다.

에콰도르 로하 농장 '아그로 로하'에서 앙헬 레예스 씨가 커피나무 뿌리에 물을 제공하는 신소재를 보여주고 있다.

조나단과 티카 남매는 에콰도르 농부들과의 만남을 주선하고 인터뷰 통역을 기꺼이 도와줬다. 이들 역시 막 30대가 된 에콰도르 젊은이로, 앞으로 가족 커피회사를 이끌어 갈 주역이었다. 에콰도르 제2의 도시 과야킬에 본사를 둔 커피 기업 '카페콤'Cafecom에서 일하는 남매는 창립자인 아버지에 이어 앞으로 에콰도르 커피의 미래를 이끌 인재였다.

조나단과 티카 남매의 아버지인 비니시오 다빌라Vinicio Davila 카페콤 대표는 에콰도르 커피가 커머셜 커피에서 스페셜티 커피로 전환하는 과정을 지켜봤다. 다빌라 대표는 '타사 도라다'를 이끈 산증인이기도 하다. 에콰도르 커피협회의 일원으로 2007년 '타사 도라다' 창립부터 참여했던 그는 2017~2021년 '타사 도라다'의 회장과 디렉터를 역임했다. 다빌라 대표는 "'타사 도라다' 개최 이후 10년이 지나자 드디어 세계에서 에콰도르 커피를 다시 주목하기 시작했고 15년이 지나자 이제는 한국을 비롯한 전 세계에서 에콰도르 스페셜티 커피를 사기 위해 우리를 찾는다"고 자랑스럽게 말했다.

카페콤은 에콰도르 내에서 인스턴트 커피를 제조·유통하고, 스페셜티 커피 수출을 중개하는 회사다. 카페콤이 생산한 커피는 에콰도르 호텔이나 식당 등에서 맛볼 수 있을 정도로 커피로 인지도가 높다. 조나단·티카 남매와 로하 커피 농장 투어를 마치고 제일 마지막에 찾은 곳이 과야킬의 카페콤 본사로 다빌라 대표는 환한 웃음으로 우리를 맞아 주었다.

다빌라 대표와의 인터뷰는 에콰도르 커피 역사를 되돌아보는 일이기도 했다. 로하 출신인 다빌로 대표는 커피를 생산하는 집안에서 태어난 것은 아니었지만 할아버지와 삼촌이 커피 비즈니스를 시작한 것을 계기로 집안 내력으로만 따지면 80년 이상 커피사업에 종사한 집안의 일원이다. 할아버지가 시작한 커피 사업은 커피를 산지에서 사서 도시에서 파는 일로, 다빌라

에콰도르 과야킬의 커피 종합회사 '카페콤'에서 비니시아 다빌라 대표. 회사 캐치프레이즈가 '커피에 대한 열정'인 만큼 인터뷰에서도 커피 사랑이 묻어났다.

대표 역시 약 40년 전 로하 같은 커피 산지에서 생두를 사서 수도 키토나 과야킬 등에서 판매하는 일을 시작했다. 물론 당시 다빌라 대표가 사들인 커피는 인스턴트 커피를 제조하기 위한 커머셜 커피였다.

그러다 커피 수출업에도 뛰어들었다. 한국의 부산과 꼭 닮은 제 2도시 과야킬이 항구를 끼고 있어 수출에 유리한 만큼 거점을 과야킬로 옮겼다. 주로 유럽과 미국에 소규모로 생두를 판매하기 시작했고, 생두 수출에서 가능성을 보고 1996년 카페콤을 설립했다. 카페콤은 커피 컴퍼니Coffee company라는 뜻으로 커피와 관련된 모든 비즈니스에 열려 있다는 의미를 담았다.

커피 사업이 쉽지만은 않았다고 했다. 커피 경쟁 생산국인 브라질의 커피 생산량이 대폭 늘어나면서 에콰도르 커피가 설 자리가 없었다. 그 결과 1990년대 들어 커피 생산량이 80% 이상 폭락했다. 주변에 문을 닫는 커피 회사도 많았다.

대신 다빌라 대표는 기회를 봤다. 생두 수출을 계속하면서도 2005년부터 직접 로스팅을 하기 시작했고, 스페셜티 커피 브랜드 2개, 커머셜 커피 브랜드 1개를 만들어 소비자에게 직접 판매하는 전략을 썼다. 호텔, 커피숍 등에 납품하는 카페콤의 커피는 시장의 10% 정도를 차지할 정도로 성장했다.

이를 위해 안정적인 커피 공급이 필요해진 만큼 다빌라 대표는 이때 커피 생산자와 카페콤이 모두 이득을 볼 수 있도록 로하의 카리아망가Cariamanga 지역에서 '카리아망가 커피 생산자 협회'를 구축했다. 1500~2000명의 커피 생산자를 모았다. 대부분 0.5ha**5000㎡**에서 2ha**2만 ㎡** 정도의 땅에서 커피를 키우는 소농들이었다. 이들은 당시 어떻게 하면 좋은 커피를 생산하는지 몰랐고, 대부분 과거에 해온 대로 관성적으로 커피를 키우던 사람들이었다. 대부분 커머셜 커피로 팔리다 보니 제값을 받기도 힘들었다. 이런 구조를 바꾸고 싶었던 다빌라 대표가 나서 협회를 만들었다.

다빌라 대표는 이들에게 돈을 빌려주거나 최신 커피 재배법, 커피 가공방법을 가르쳐주기도 했다. 커피 열매를 수확하면 그대로 햇볕에 말리는 내추럴 가공밖에 없던 이 지역 커피 생산자들이 워시드 같은 새로운 가공법을 접하기 시작했다. 카페콤은 소규모 농장 농부들의 커피 수확 전 생활이 어렵다는 점을 해소하기 위해 예상 생산량의 30%의 가격을 먼저 쳐주고 수확기에 커피로 갚는 식의 방법을 도입하기도 했다.

하지만 커피 자체의 수익성이 점점 떨어지다 보니 협회 소속 농장들은 속속 다른 작물 재배로 전환하기 시작했다. 결국 협회에 소속된 생산자들의 수는 50여 명밖에 남지 않았다. 하지만 기회가 왔다. 2007년 시작된 '타사 도라다'를 계기로 새로운 세대의 생산자가 스페셜티 커피 재배에 뛰어들기 시작했다.

2007년 첫 '타사 도라다'에서 1등을 차지한 커피는 82점 수준에 머물렀지만 15년이 흐르자 이제 1등을 하려면 91~92점을 받아야 할 정도로 에콰도르 커피의 수준이 올라왔다. 여전히 에콰도르 내수 시장은 인스턴트 커피 위주로 구성돼 있지만, 전 세계 커피 애호가들이 에콰도르 스페셜티 커피를 찾기 시작하면서 상황이 크게 달라졌다.

다빌라 대표는 에콰도르의 스페셜티 커피에 특히 가능성이 있다고 본다. 애초에 스페셜티 커피의 특징이 많은 양을 기대하지 않으니 생산량에서 밀리는 에콰도르가 충분히 치고 나갈 수 있는 시장이라는 거다. 또 맛으로 승부하기 때문에 커머셜 커피처럼 마케팅도 크게 필요 없다.

그는 에콰도르에 스페셜티 커피를 소개한 한 사람으로서 자부심이 컸다. 에콰도르에 '바리스타'라는 말을 아무도 모를 때인 2006년, 이탈리아 바리스타 챔피언인 루이기 루피Luigi Lupi를 에콰도르로 초청해 바리스타의 존재를 알렸다. 루피 바리스타의 도움으로 2007년 에콰도르에서 22명의 바리스타가 처음 탄생하기도 했다.

인생을 커피에 바친 그는 지금도 커피가 정말 좋다고 말했다. 그래서 그의 회사 카페콤의 캐치프레이즈는 '패션 포 커피'Passion for coffee·커피에 대한 열정다. 그의 열정은 이제 고스란히 그의 자녀들이 물려받아 이어갈 테다.

에콰도르에서 다빌라 대표와 인터뷰하고 조나단·티카 남매와 찐한 우정을 나눴지만 우리의 인연은 여기서 끝인 줄 알았다. 한국에 돌아와서도 SNS로 간단하게 안부 정도는 주고 받았지만 다시 만날 거라고는 생각도 못했다. 서로 부산과 과야킬이라는 지구 반 바퀴 떨어진 도시에 살고 있으니까 당연했다.

그런데 1년 만인 2023년 그리스 아테네에서 다빌라 대표와 조나단을 우연히 마주쳤다. 아테네에서 열린 '월드 오브 커피' 행사장에서였다. 만나자마자 너무 놀라 순간 상황 파악이 안 됐던 것 같다. 스페셜티 커피 수출업을 키우고 있는 만큼 아테네에 미래의 바이어가 없는지 물색하기 위해 함께 출장을 왔다고 했다. 이렇게 커피는 새로운 인연을 계속 만들어줬다.

2023년 그리스 아테네 '월드 오브 커피' 행사장에서 비니시오·조나단 다빌라 부자와 우연히 만났다. 커피가 만들어준 재미있는 인연이다.

9. 에콰도르에서 커피 농장 B&B 체험을 - '커피 자매'의 꿈

스페셜티 커피는 수많은 커피 농부들의 삶을 바꿨다. 에콰도르 로하 지방의 작은 도시 소소랑카Sozoranga에서 커피 농장을 일군 올린카·디아나 벨레스 Olinka·Diana Vélez 자매 역시 마찬가지였다. 이곳에서 작은 소농에 불과했던 자매는 스페셜티 커피를 재배하기 시작하면서 새로운 미래를 꿈꾸게 됐다.

이 농장에서 저 농장으로, 에콰도르에서도 다양한 농장을 방문했다. 짧게는 2~3시간 길어도 반나절 정도 머무는 것이 대부분이었는데 올린카 벨레스 씨의 '초로라 농장'Finca Chorora에서 1박 2일을 머물면서 커피 농장 체험을 할 수 있는 기회를 얻었다.

일종의 커피 농장 B&BBed and breakfast·아침 식사를 제공하는 민박로 올린카 씨가 야심차게 준비하고 있는 프로젝트다. 본격 가동하기에 앞서 해외에서 온 생두 바이어들, 기자들을 초청했다. 초로라 농장에서 재배한 커피를 선보이는 자리이기도 했다.

초로라 농장의 첫 인상은 꽤 산뜻했다. 산 속에 있기는 했지만 평소 올린카 씨의 가족들이 지내는 농장 겸 집은 산 중에서도 평평한 지대에 있어 마을을 내려다보는 경치가 좋았다. 농장 규모는 기대보다 컸다. 2010년 불과 1헥타르1만 ㎡에서 출발한 농장은 2022년 당시 50헥타르50만 ㎡로 커져 실제로 규모가 상당했기 때문이다.

올린카 씨는 2010년 소소랑카로 이주했다. 스페셜티 커피의 가능성을 보고 에콰도르의 대표적인 커피 산지 로하로 옮기기로 결단을 내렸다. 올린카 씨는 "이곳에 막 이주를 했을 때만 해도 소소랑카 지역에 5개의 소규모 커피 생산자 조합이 있었는데, 스페셜티 커피가 뭔지 아무도 몰랐다"면서 "이후 지역 생산자들과 힘을 합쳐 커피의 품질을 개선하기 위해 함께 노력해 왔다"고 설명했다.

이주 이후 올린카 씨는 매년 '타사 도라다'에 도전해왔다. 결과물을 객관적으로 평가받을 수 있는 대회라고 생각했기 때문이다. 초보 농부인 만큼 결과가 좋지 않을 때가 더 많았지만, 매년 도전을 이어갔다.

올린카 씨의 소소랑카 이주 이후 언니인 디아나 씨도 2017년 초로라 농장 바로 윗 지역에 땅을 매입해 '잠바미네 농장Finca Yambamine'을 세웠다. 올린카 씨는 초로라 지역의 토양과 환경을 보고, 언니에게 커피 재배를 권유했고 그렇게 스페셜티 커피는 가족 사업이 됐다.

2019년 자매는 일을 냈다. 그해 열린 '타사 도라다'에서 올린카 씨의 초로라 농장 커피가 91.17점으로 1위를 차지했다. 디아나 씨의 잠바미네 농장 커피는 나란히 2위에 올랐다. 특히, 잠바미네 농장은 2019년 첫 수확한 커피로 2위에 올라 큰 화제가 됐다.

사실 이 때 1위를 차지한 올린카 씨의 커피는 우승 전, 한국 시장에 먼저 소개됐다. 그는 "초로라 농장의 커피는 사실 '타사 도라다' 전에 크게 주목받지는 못했다"며 "그런데 2019년 미국 보스턴에서 열린 '월드 바리스타 챔피언십'에서 모모스커피 전주연 바리스타와 인연이 닿았고 전주연 바리스타를 통해 모모스커피에 수출할 수 있었다. 이후 열린 '타사 도라다'에서 바로 그 커피 종류가 우승했다"고 회고했다. 한국 소비자들이 그해 에콰도르에서 최고 평가를 받은 커피를 먼저 마신 셈이다. 올린카 씨는 "모모스커피와의 인연이 초로라 농장에게는 '빅 점프'가 됐다"면서 "그때 얻은 수익으로 농장에 재투자할 수 있었고 점점 꿈꾸던 농장의 모습을 갖춰가고 있다"고 덧붙였다.

에콰도르 로하 소소랑카 '초로라 농장'에서 디아나(왼쪽)·올린카 벨레스 자매.

초로라 농장의 커피는 월드 바리스타 챔피언 회사와 거래한 것, 연이어 '타사 도라다'에서 우승한 것을 계기로 전 세계 생두 바이어들에게 주목을 받았고, 수출길도 열렸다. 올린카 씨는 커피 업계에서 드문 여성 커피 생산자이자 커피 비즈니스를 이끄는 회사 대표로 야심이 컸다. 좋은 커피를 생산하는 것은 당연하고 나아가서 초로라 농장을 통해 에콰도르 커피를 세계에 알리고 싶다는 꿈을 꾸기 시작했다.

이를 위해 평범한 시골 농장집을 개축했다. 이미 이웃나라 콜롬비아에서는 관광 사업의 하나로 자리 잡은 '커피 농장 B&B'를 초로라 농장에 도입하기로 했다. 실제로 콜롬비아 커피 농장에서 하룻밤을 자고 커피 농장을 둘러보는 '팜 스테이'Farm stay는 관광객에게 인기가 많다. 모모스커피 전주연 바리스타는 "콜롬비아 커피 산지에는 농장을 둘러보고 커피 재배 과정을 살펴볼 수 있는 로지Lodge.오두막 같은 숙박 시설가 많다"고 설명했다.

　디아나 씨는 본격적으로 자매의 농장에 '커피 에코 투어리즘'Coffee eco-tourism·커피 친환경 관광을 도입하기 위해 관광학 석사도 받았다. 좀 더 전문적으로 프로그램을 운영하기 위해서다. 올린카 씨는 이날 모인 농장 투어 참가자들의 방 앞에 각자의 이름을 붙여놓아 환대받는 기분이 들게 했다. 트윈 베드 방은 소박했지만 샤워 시설이 딸려 있어 편리했다. 뜨거운 물이 나올 때까지는 좀 기다려야 하는 불편함을 감수할 만큼 꽤 흥미로운 체험이었다. 마치 한국의 시골집에서 잠드는 정겨움이 있었다.

　올린카·디아나 자매는 5000대 1의 경쟁률을 뚫고 에콰도르 정부의 자금을 유치해 농장 안에 미생물 실험실을 짓고 있었다. 최근에는 스페셜티 커피 발효 과정에서 미생물을 더하는 경우가 많은데 이렇게 하면 커피에 새로

에콰도르 로하 소소랑카 '초로라 농장'의 야외 다이닝룸(왼쪽)과 손님방.

운 풍미가 생긴다. 품질 좋은 커피를 내놓고 싶다는 자매의 의지가 돋보이는 부분이었다.

산길을 따라 펼쳐진 벨레스 자매의 농장은 게이샤뿐만 아니라 시드라, 티피카 메호라도, 부르봉 로사도 등 다양한 종류의 커피나무를 심고 관리하고 있었다. 농장을 방문하면 대개 농부들이 열매 맛을 보게 해주는데 새빨갛게 잘 익은 커피 과육은 종류에 따라 달콤하거나 때로는 살짝 시큼한 경우도 있다. 초로라 농장의 커피 열매는 페루의 스타 농부 윌더 가르시아 씨 농장의 커피 열매처럼 달콤하고 풍미가 좋았다.

농장을 둘러보고 다 같이 커핑을 하고 나니 금방 밤이 찾아왔다. 해가 지자마자 암흑이 내려앉은 농장 야외 식사 장소에서 다 같이 바비큐를 먹으며 커피와 커피가 이끈 삶의 변화에 대해 허심탄회하게 이야기를 나눴다. 나는 커피업계에 종사하는 사람도 아닌데 단순히 커피가 좋다는 이유로 커피 취재를 시작했고, 어느새 지구 반대편 에콰도르 시골 농장에서 하룻밤을 보내고 있었다.

아침에 눈을 뜨니 농장 앞마당에 펼쳐진 커피 열매가 보였다. 전날은 커피나무 재배 현장을 주로 둘러봤기 때문에 미처 보지 못했던 모습이었다. 커피 열매는 햇볕을 받아 반짝반짝 빛났다. 잘 말린 뒤 가공 과정을 거쳐 생두 상태가 된 선택된 커피는 배를 타고 부산항에 들어올 테고, 카페나 집에서 마시는 에콰도르산 맛있는 스페셜티 커피 한 잔이 될 터였다.

그리스에서 예상치 못하게 조나단과 아버지 비니시오 씨를 만난 것처럼 몇 년이 지나 올린카 씨를 부산 영도에서 다시 만날 수 있었다. 그해 서울카페쇼 방문을 위해 한국을 처음 찾은 올린카 씨와 아들이 자신들의 커피를 맛볼 수 있는 모모스커피를 찾았기 때문이다. 영도 시장의 한 식당에서 다시 만난 올린카 씨는 여전히 유쾌했다. 만약 올린카 씨가 자신의 농장에 아보카도를 심었다면 먼 나라 한국에 올 일은 아마도 없었을 거고, 나도 올린카 씨를 만날 일이 없었을 테다. 커피가 아니었다면 에콰도르를 여행할 일이 있었을까. 커피는 이렇게 생각지도 못한 인연을 이어줬다.

10. 에콰도르 괴짜 커피 농부의 '암실 건조' 실험

스페셜티 커피는 점점 정교해지고 있다. 같은 커피 농장이라도 마이크로 랏별로 커피 맛이 다를 만큼 토양, 일조량 등에 영향을 받고, 가공법에 따라서도 맛이 달라지는 것이 바로 스페셜티 커피다.

최근 스페셜티 커피 생산자들은 커피 발효Fermentation 단계부터 신경 쓰기 시작했다. 커피 발효는 단순히 커피 열매에서 과육과 점액질을 제거하는 과정이 아니라 커피의 맛과 향까지 결정하는 중요한 단계라는 사실을 알게 되었기 때문이다.

전통적으로 워시드나 허니 프로세스 가공의 경우 커피를 물에 담그거나 한 번 씻고 나서 젖은 상태에서 탱크에 넣어서 자연 발효한다. 이렇게 하면 커피 종류에 따라 산미나 단맛이 더해져 커피 자체가 가지고 있는 향미를 더 강조할 수 있다. 여기에 더해 최근 들어서는 특정 효모나 유산균을 첨가하는 기법도 쓰인다. 빵이나 맥주 효모를 넣으면 과일 향이 나고 단맛이 더 강조되는 경향이 있다. 유산균을 넣으면 부드러운 산미가 더해지고 바디감이 풍부해진다. 이렇게 발효 때 미생물을 첨가하면 발효 시간을 단축할 수 있고 균일한 맛을 만들 수 있다는 장점이 있다.

커피 발효 때 과일이나 과일즙을 함께 넣어 발효하는 방식도 있다. 발효 탱크에서 파인애플, 바나나, 망고, 수박 같은 과일이나 과일즙을 혼합하면 과일 속 당분과 천연 효모가 커피의 발효를 촉진한다. 이렇게 발효한 커피는 특정 과일 향이 나고 단맛도 더해진다. 하지만 과일 첨가는 커피 생산 비용을 높이기 때문에 어느 정도 규모가 있는 스페셜티 커피 농장에서 도전하는 경향이 있다.

이 모든 것은 실험적인 스페셜티 커피 농장들의 도전에서 출발했고, 이제 미생물 첨가 발효는 꽤 흔한 발효 방식이 됐다. 에콰도르 소소랑카에서 만난 파브리시오 코로넬Fabricio Coronel 씨도 그런 실험 정신이 충만한 '괴짜 농부'였다. 더 정확히 말하면 그는 커피 생산자이자 로스터, 바리스타로 커피의 생산과 소비에 이르기까지 모든 과정에 다 종사하는 커피인이었다. 형제인 라미로Ramiro 씨와 함께 커피를 생산하는 농부이자, 로하에서는 카페를 경영하며 커피를 볶고 내린다고 했다.

에콰도르 커피 여정을 함께한 조나단과는 먼 친척 사이라고 했다. 그래서인지 첫 만남부터 왠지 친근했다. 점심시간을 앞두고 방문한 파브리시오의 농장 '라 플로리다'Finca Hacienda La Florida에는 치즈와 크래커, 빵, 과일까지 커피와 함께 곁들이면 좋은 다과가 준비되어 있었다.

커피 타임을 갖기에 앞서 농장 투어가 시작됐다. 역시나 깊은 산 속에 위치한 라 플로리다 농장은 겉보기에는 다른 에콰도르 커피 농장과 다를 게 없어 보였다. 그런데 이 농장은 원래 전통적으로 사탕수수를 키우던 곳이라고 했다. 5대를 거슬러 올라가는 역사를 자랑하는 농장이지만, 파브리시오가 커피 생산자로는 1세대다.

2017년 파브리시오는 총 137헥타르137만 ㎡에 달하는 대농장 중 1헥타르1만 ㎡에 커피나무를 심었다. 이 때부터 '커피 농부' 파브리시오의 삶이 시작된 셈이다. 그는 매년 조금씩 커피 재배 규모를 늘려, 2022년 우리가 라 플로리다를 찾았을 때는 총 7헥타르7만 ㎡ 부지에 커피나무를 키우고 있었다.

라 플로리다 농장 커피는 2020년 에콰도르 '타사 도라다'에서 1위를 하면서 주목받았다. 파브리시오는 티피카 종과 시드라 종을 결합해 직접 개발한 하이브리드 품종으로 우승을 차지했다. 단순히 커피를 심고 키우는 데서 그

───── 에콰도르 소소랑카의 농장 '라 플로리다'에서 파브리시오가 커피를 건조하는 암실에서 건조 방식을 설명하고 있다.

치는 것이 아니라 그의 커피는 실험 정신 그 자체라는 것이 농장 곳곳에서 느껴졌다.

파브리시오가 보여준 공간 중 가장 인상 깊은 곳은 암실Dark room·다크 룸이었다. 더 정확히는 암실 건조실이다. 커피 산지 방문이 처음이라 모든 것이 새로웠지만 암실에서 커피를 말린다는 개념은 처음 접했다. 수확한 커피 열매를 어두운 환경에서 건조시켜서 커피가 가진 향미를 보존하고 산화를 최소화하는 데 초점이 맞춰져 있는 건조 기법이다.

파브리시오의 암실은 온도와 습도가 세심하게 관리되고 있었는데, 왠지 큰 목소리도 내면 안 될 것 같은 분위기였다. 그는 "농장에서 다양한 실험을 하고 있는데 암실 건조도 그런 실험 중의 하나"라면서 "암실에서 말린 커피는 풍미가 더 좋다"고 설명했다. 이때만 해도 파브리시오의 암실 건조가 에콰도르의 실험 정신 충만한 괴짜 청년 농부의 실험 정도인 줄 알았다. 그런데 시간이 흘러 암실에서 건조한 커피로 월드 바리스타 챔피언십에 우승한 바리스타가 탄생했으니, 암실 건조 기법은 이제 스페셜티 커피 업계에서 널리 인정받는 가공법이 됐다. 2023년 그리스 아테네에서 열린 월드 바리스타 챔피언십 우승자는 한국계 브라질인 엄보람 바리스타로 그는 브라질 커피 생산자이자 로스터, 바리스타이다. 엄 바리스타는 2024년 2월 부산에서 열린 '코리아 커피 챔피언십&스카마켓'에서 〈부산일보〉와 인터뷰에서 "2019년 브라질 국내 바리스타 대회 우승으로 브라질 내에서 알려지면서 마침 에스피리토 산토 지역에 있는 대학에서 커피 연구 프로그램을 시작했는데 도와달라고 찾아왔다"며 "이후 연구를 거듭해 빛이 하나도 없는 '다크 룸'에서 커피를 말리는 방법 등을 고안해냈다"고 설명했다.[08]

스페셜티 커피 업계에서 생산자이자 로스터, 바리스타로 생산부터 소비에 이르는 가치 체계의 모든 단계에 있는 경우는 그리 흔하지 않다. 역대 월드 바리스타 챔피언십 우승자 중에서도 엄보람 바리스타를 비롯해 한 손에 꼽힐 정도다. 그래서 파브리시오가 더 특별했다. 아마 파브리시오가 월드 바리스타 챔피언십에 도전한다면 꽤 좋은 성적을 낼 거라고 생각한다. 그는 커피를 심는 단계부터 수확하고 가공하는 모든 단계에서 도전하는 엄청난 커피인이다.

이렇게 설명하면 파브리시오가 상당히 진지한 사람 같지만 실은 엉뚱한 소년에 더 가까웠다. 이미 커피나무를 살펴보느라 산 속 농장을 한참 둘러본 이후인데도 소소랑카의 최고 경치를 보여주겠다며 따라오라고 호기롭게 말했다. 우리는 기꺼이 따라나섰는데 길이 없는 산길에서 길을 만들어서 가야하는 곳인 줄은 차마 몰랐다. 그렇게 산을 타고 계곡을 넘어, 거의 절벽처럼 느껴지는 바위를 기어오르며 미끄러질 뻔한 위기를 몇 번 넘긴 뒤 파브리시오가 말한 장소에 도착했다.

파브리시오의 말은 진짜였다. 속이 뻥 뚫리는 경치였다. 폭포 소리는 시원했고 아래로는 우거진 숲의 전경이 펼쳐졌다. 매일 커피 생각만 하고 커피업계 사람들과 내 말이 아닌 언어로 인터뷰하느라 신경이 곤두섰는데, 그 경치를 보고 있노라니 몸과 정신이 다 깨끗해지는 기분이었다. 그의 이런 엉뚱함이 고마웠다. 절벽에서 마신 파브리시오의 커피 맛도 최고였다.

파브리시오가 데려간 절벽. 험한 길을 올라가니 절경이 나타났다.

2부
·
세계 커피도시를 가다

2부 · 세계 커피도시를 가다

1. 미국 스페셜티 커피를 맛보다, 미국 로스앤젤레스

페루와 에콰도르 산지 방문 취재 일정을 마치고 향한 곳은 미국 로스앤젤레스LA였다. 모모스커피 이현기 대표는 콜롬비아로 넘어가 생두 직거래 여정을 이어가고, <다시부산> 박나리 대표와 나는 귀국길에 올랐다. 에콰도르 과야킬에서 페루 리마로 다시 LA를 거쳐 인천으로 향하던 중 잠깐 스톱오버로 들렀다는 표현이 더 정확할 듯하다.

미국의 유명 스페셜티 커피를 마셔볼 수 있는 곳이라서 더욱 관심이 갔다. <다시부산> 박 대표와 함께 LA 공항에 내리자마자 찾은 곳은 베니스비치 근처에 있는 인텔리젠시아 커피Intelligentsia Coffee 였다. 미국에서 스페셜티 커피를 널리 알린 인텔리젠시아 커피의 뿌리는 시카고지만 LA에도 지점을 여러 곳 두고 있어 꼭 맛보고 싶었다. 지금은 인텔리젠시아 커피가 서울에도 지점을 내 얼마든지 맛볼 수 있지만 2022년 당시만 해도 미국에 가지 않고서는 인텔리젠시아 커피를 마셔보기는 쉽지 않았기 때문이다.

우리는 에스프레소와 카푸치노, 시나몬 번과 크로와상을 주문했다. 긴 비행에 지쳐있던 터라 빨리 카페인을 보충하고 싶었다. 에스프레소를 한 모

미국에서 제3의 물결을 이끈 '인텔리젠시아 커피'.

금 마신 순간 커피의 맛과 향미가 뇌까지 초고속으로 질주하는 느낌이 들었다. 진한 커피의 향미에 감동이 몰려왔다. 마치 스페셜티 커피를 처음 마셔본 그때로 돌아간 것 같았다. 그동안 커피 산지에서 고생하기도 했고, 기대했던 것만큼 산지에서 커피를 많이 마시지 못한 데다, 2주 만에 에스프레소를 접해서 더 그랬던 것 같다.

아무래도 커피 한 잔으로는 아쉬워서 아메리카노를 한 잔 더 마셨다. 커피가 맛있는 카페가 다 그렇듯 베이커리도 인상적이어서 커피와 함께 몸에 흡수되는 기분이었다. 감동만 하고 앉아있을 수는 없었다. 짧은 환승 시간 안에 최대한 많은 스페셜티 커피의 성지를 방문해야만 했다. 방금 막 커피

미국 로스앤젤레스 '인텔리젠시아 커피' 베니스 지점 내부.

산지에서 얻은 몇 봉의 커피 원두를 가지고 돌아온 참이지만 원두 한 봉지를 얼른 사고 서둘러 나왔다.

두 번째로 찾은 곳은 스텀프타운 커피 로스터스Stumptown Coffee Roasters였다. 스텀프타운 역시 본점은 LA가 아닌 포틀랜드지만 인텔리젠시아와 함께 미국의 스페셜티 커피하면 떠오르는 커피 회사인 만큼 안 갈 이유가 없었다. 우버를 타고 헤맨 끝에 찾은 스텀프타운 커피는 애매한 오후 시간대여서인지 손님이 그리 많지는 않았다. 알고 보니 마감을 앞둔 시간이어서 손님이 더 적었다. 미국과 호주의 카페들은 출근 시간도 전인 오전 일찍 문을 열고 이르면 오후 3시, 늦어도 오후 6시가 되기 전 문을 닫는 곳이 많다고 했다. 점심 식사 시간 직전에 열고 밤늦게까지 영업 하는 한국의 커피 문화와는 다른 셈이다.

미국 로스앤젤레스의 '스텀프타운 커피 로스터스' 내부.

　이미 카페인을 든든하게 충전하고 와서인지 인텔리젠시아 커피만큼의 감동은 아니었지만, 스텀프타운은 과연 미국 스페셜티 커피의 부흥을 이끈 브랜드다웠다. 커피 바도 흥미로웠다. 생맥주 기계처럼 당기면 콜드브루가 나오는 장치가 설치되어 있어 과연 이름 값을 한다 싶었다. 스텀프타운은 콜드브루로도 이름을 날렸다. 다만 인텔리젠시아와 스텀프타운 모두 미국의 거대 커피기업 피츠커피에 인수됐다. 인텔리젠시아와 스텀프타운과 함께 미국 3대 스페셜티 커피로 꼽히는 블루보틀 커피의 경우 이미 2019년 한국에 진출한 상황이었고, 한국에 진출하기 전에 도쿄에서도 맛본 적이 있어 이번에는 과감히 뺐다. 블루보틀 커피는 앞서 2017년 다국적 기업 네슬레가 인수했다. 세 곳 모두 대기업 산하에 들어가면서 기존의 브랜드 정체성을 잃는 것이 아니냐는 우려가 컸지만, 비교적 브랜드 철학을 지켜나가고 있다는 평가다.

마감 시간에 맞춰 서둘러 나와 마지막으로 찾은 곳은 아트 디스트릭트에 있는 벌브 커피 로스터스Verve coffee roasters로 2007년 캘리포니아주 산타모니카에서 시작해 미국에서는 캘리포니아에만 지점이 있고 일본에 진출하면서 널리 알려진 곳이다. 벌브 커피가 흥미로웠던 것은 과연 일본 진출을 한 곳답게 일본이나 한국에서 흔히 접할 수 있는 친숙한 인테리어와 더불어 손님의 절반 가까이가 아시안이었다는 점이다. 우리처럼 관광객인지 거주자인지는 알 수 없지만 한국인 팀도 꽤 눈에 띄었다.

우리가 갔던 시간대가 특히 그랬을 수 있고, LA의 경우 다른 미국 도시들에 비해 아시안의 비율이 높은 곳이라서, 혹은 우리가 방문한 지점이 있는 곳이 아시아인 인구 비중이 높은 동네였을 수도 있다. 그럼에도 알 수 없는 익숙한 분위기가 인상적이었다. 이미 커피를 하루 최대치 석 잔보다 더 마셨기 때문에 솔직히 벌브 커피에 와서는 커피를 더 마시기는 몸이 버거웠지만 시즌 한정 메뉴를 만족스럽게 맛봤다. 12시간이 채 안되었던 LA 스톱오버에서 마신 커피, 특히 인텔리젠시아에서 마신 에스프레소 첫 모금의 감동은 특히 잊지 못할 것 같다.

미국 로스앤젤레스의 벌브 커피 로스터스 내부.

이탈리아 '커피도시' 트리에스테의 일리 커피 본사.

2. '일리 커피'의 도시, 이탈리아 트리에스테

• 이탈리아의 이유 있는 커피 자부심, 일리 커피

커피는 나를 늘 새로운 땅으로 인도해줬고, 이번에도 역시 그랬다. 지금까지 한 번도 가보지 않았던 이탈리아로 나를 이끈 것도 커피였다. 2023년 6월 그리스 아테네에서 열린 '월드 오브 커피' 취재 출장을 가게 되면서, 추가로 이탈리아와 벨기에를 들러 취재하고 돌아오기로 했다.

이탈리아 하면 에스프레소의 발상지이자 이탈리아 국민들의 엄청난 커피에 대한 자부심이 떠오른다. 이탈리아인들이 얼음을 넣은 아이스 커피를 이해하지 못하는 반응이 인터넷상에서 밈Meme으로 소비될 정도다. 그럴 만도 한 것이 이탈리아인들에게 커피는 뜨겁게 마시는 에스프레소인데, 거기다 물을 탄 아메리카노, 여기에 얼음까지 넣은 아이스 아메리카노라니 용납이 안 될 만도 했다.

아테네에서 처음으로 '월드 오브 커피'의 열기를 느낀 뒤 이탈리아로 떠났다. 행사 기간 중 함께 열린 2023 '월드 바리스타 챔피언십'에서 한국계 브라질인 엄보람 바리스타의 우승을 보고 난 직후라 발걸음이 가벼웠다.

이번 취재의 목적은 유럽의 '커피도시'를 취재하는 것이었는데 사전 조사에서 단연 이탈리아 트리에스테가 눈에 띄었다. 한국인에게는 생소한 도시지만, 실제로 가보니 과연 유럽 대표 커피도시라고 부를 만했다. 우선 전 세계적으로 유명한 커피 브랜드 '일리 커피'Illy Caffè 본사가 있는 곳이자, 일리

이탈리아 트리에스테 일리 본사 앞에 태극기가 걸려있다.
환영의 의미로 그날 주요 방문자의 국기를 걸어 놓는 것이 원칙이라고 한다.

커피가 운영하는 일리 커피대학UDC이 활발하게 운영 중이다. 또 트리에스테시가 참여하는 트리에스테 커피 축제가 매년 열리고, 트리에스테를 기반으로 한 지역 커피회사들이 커피 전문 포럼을 자체적으로 개최하는 등 커피 산업은 트리에스테를 이끄는 한 축이다.

트리에스테로 가는 방법은 좀 까다로웠다. 소도시다보니 아테네에서 직항편은 당연히 없었고 인근에서 가장 큰 이탈리아 도시인 베네치아 공항에서 내려 베네치아 시내로 간 다음 다시 기차를 타고 1시간 이상 이동해야 했다. 6월 말 휴가철이 시작돼 엄청나게 붐비는 아테네 공항을 떠나 마찬가지로 수많은 인파로 가득 찬 베네치아 공항에서 수많은 관광객들과 함께 베네치아 시내로 이동하는 것만 해도 에너지 소모가 컸다.

해가 지고서야 도착한 트리에스테는 1차 세계대전 직전까지 오스트리아-헝가리 제국 산하 도시였던 만큼 도시 정취가 이탈리아보다는 오스트리아의 느낌이 더 많이 났다. 이미 로마 제국 시대부터 로마 해상 무역의 거점이었던 항구 도시였고, 18세기 들어 오스트리아-헝가리 제국의 자유항으로 지정되면서 유럽과 지중해의 무역 중심지로 역할을 해왔다.

트리에스테를 유럽의 대표적인 커피도시라고 부를 수 있는 이유 역시, 트리에스테 항구가 지중해의 커피 유통 거점항 중 하나이기 때문이다. 제노바, 나폴리와 함께 트리에스테는 이탈리아의 주요 커피 유통항으로 꼽힌다.

트리에스테에 도착한 다음 날, 일리 커피 본사로 향했다. 시내와는 떨어져 있고 대중교통으로는 가기 어려운 곳에 있어 택시를 탔는데 본사 앞에 이탈리아 국기와 함께 한국 국기가 걸려 있어 놀랐다. 알고 보니 일리 커피는 환영의 의미로 그날 주요 방문자의 국기를 걸어두는 전통이 있다고 했다. 꽤 세심한 배려라 취재 전부터 기분이 좋아졌다.

미리 한국에서 이탈리아어 통역자를 섭외했고, 통역자를 통해서 이날 일리 본사 홍보 담당자와 일리 커피대학 이사를 만나기로 약속을 잡았다. 안

내받은 1층은 일리 역사를 설명하는 역사관이자 일리 브랜드를 소개하는 작은 전시장으로 꾸며져 있었다. 커피 회사답게 직원이나 방문자가 언제든지 일리 커피를 마실 수 있도록 무료 커피 바도 운영하고 있다.

인터뷰한 일리 커피대학 모레노 파이나 이사는 푸근한 인상으로 이탈리아 커피, 일리 커피에 대한 자부심이 대단했다. 그럴 만도 한 것이 일리 커피의 역사가 곧 이탈리아 현대 커피 역사와 맞닿아 있기 때문이다. 헝가리 출신의 장교였던 창업자 프란체스코 일리는 1933년 유럽에서 가장 번성한 상업 도시 이탈리아 베네치아의 북쪽 항구인 트리에스테에서 일리 커피를 시작했다. 이후 전 세계 140여 국에 진출한 글로벌 브랜드가 되었지만 창업 정신을 잇는다는 의미에서 본사는 트리에스테에 두고 계속 유지하고 있다.

파이나 이사에 따르면 이탈리아에만 800여 개의 커피 회사가 있는데, 트리에스테는 일리의 본사로 인지도가 높다. 그는 "트리에스테는 커피를 수출입하기 유리한 트리에스테 항구를 끼고 있어 자연스럽게 커피 문화가 발달할 수밖에 없었고, 지금까지도 이어지고 있다"고 설명했다.

일리 커피는 창업 당시, 비슷한 회사가 대부분 그랬던 것처럼 커피와 초콜릿을 함께 취급하는 회사였다. 하지만 창업 이듬해인 1934년 가정에서도 갓 볶은 커피의 신선함을 느끼면서 오랫동안 마실 수 있도록 개발한 커피 캔을 출시한 것을 기점으로 커피 회사로 눈에 띄게 성장하기 시작했다. 당시에는 혁신적이었던 기술을 도입했는데, 커피가 공기에 닿지 않도록 용기캔 안에 가스를 넣어 포장하는 기술이다. 커피는 한 번 볶고 나서 공기에 오래 노출될수록 향미가 사라지는데 이를 방지하는 기술이 일리 커피를 성공으로 이끌었다. 이 기술은 지금도 일리가 유통하는 커피 캔에 적용하고 있다.

이탈리아를 대표하는 커피 회사라는 자부심이 큰 만큼 일리 커피는 이탈리아 커피 문화를 전파하기 위해 1999년 트리에스테에 커피 전문 교육 기관을 세웠다. 그게 바로 일리 커피대학이다. 한국과의 인연도 깊은 것이 일리

이탈리아 트리에스타 일리 커피 본사에서 일리 커피대학 모레노 파이나 이사가
일리 커피의 상징 커피 캔을 들고 있다.

커피대학은 2006년 해외 최초로 한국에 캠퍼스를 만들었다. 이후 2024년 기준으로 23개국에서 캠퍼스를 운영하고 있다.

이곳에서 가르치는 내용은 커피 역사부터 커피 재배와 유통 과정을 비롯해 최신 커피 기술과 정보다. 바리스타 대상의 전문 코스부터 커피 애호가 대상의 교양 프로그램, 커피 생산자를 대상으로 한 커피 재배 기술 강의까지 다양하다. 이탈리아 우디네 대학, 트리에스테 대학과 협력해 11개월 석사 과정도 만들었다. 매년 평균 33명의 석사 졸업생이 나온다고 했다. 그 중에는 한국인 졸업생도 있다.

파이나 이사의 설명을 듣고 있자니 이탈리아인의 커피 사랑과 자부심이 느껴졌다. 이탈리아인이 에스프레소 머신을 만들었고, 이는 커피를 마시는 새로운 표준이 됐으니 그럴만도 했다. 한국인이 가장 사랑하는 음료 중 하나인 '아아' 아이스 아메리카노 역시 에스프레소 머신으로 추출한 에스프레소를 기반으로 한 커피 음료니, 한국인도 이탈리아인에게 빚이 있는 게 아닐까. (세계 최초로 현대적 의미의 에스프레소 머신을 개발한 사람은 이탈리아인인 루이지 베제라Luigi Bezzera로 1901년 특허를 냈다. 이후 1905년 역시 이탈리아인인 데시데리오 파보니Desiderio Pavoni가 베제라의 특허를 사들여 에스프레소 머신이 본격적으로 보급되기 시작했다.)

일리 커피에 대해 열정적으로 설명하던 파이나 이사에게 마지막 질문으로 대체 이탈리아인에게 커피는 어떤 의미냐는 질문을 던졌다. 그는 "이탈리아인에게 커피는 문화이자 습관이다"고 명료하게 설명했다. 파이나 이사는 "'커피 브레이크'라는 말이 있듯 잠시 일을 멈추고 충전하는 시간이자, 사회적 관계를 맺는 연결고리이기도 하다. 커피는 단순한 음료가 아니라 문화"라고 강조했다.

● 열정의 '커피 맨', 바짜라 커피

　트리에스테에는 일리 커피 말고도 흥미로운 커피 기업이 많았다. 트리에스테시는 트리에스테를 '커피도시'City of Coffee 혹은 '커피수도'Capital of Coffee로 홍보하고 있는데 과연 커피도시이자 커피 수도답게 제 2의 일리 커피가 될 가능성이 있는 기업이 많았다.

　일리를 방문한 다음 날 그런 기업 중인 하나인 '바짜라'Bazzara를 찾았다. 바짜라는 2년에 한 번 주기로 커피 콘퍼런스 '트리에스테 커피 엑스퍼트'Trieste coffee experts를 개최하는 회사다. 바짜라의 2대 회장인 프랑코 바짜라 회장과 만났다. 커피 생산만 세대를 이어오는 줄 알았더니 커피를 가공하고 상품으로 만들어 유통하는 바짜라도 3대를 이어오고 있었다.

　바짜라는 1966년 프랑코 회장의 아버지 대부터 시작해 현재 그의 아들

이탈리아 트리에스테 바짜라 본사에서 프랑코 바짜라 회장.

2명까지 이곳에서 함께 일한다고 했다. 바짜라는 커피 산지에서 생두를 직거래한 뒤 트리에스테 항구로 들여와 직접 로스팅을 거쳐 40여 개국에 수출하는 커피 회사. B2B기업 간 거래 비중이 큰 기업인 만큼 소비자들의 인지도가 높은 편은 아니지만 이탈리아 커피 수도 트리에스테에서 직접 커피 콘퍼런스를 주최할 정도로 업계에서는 이름이 나있다.

민간 기업이 비용을 들여 전문 콘퍼런스를 열고, 이를 유튜브로 생중계까지 하며 공을 들인다는 점에서 사전 조사 때 도대체 어떤 회사일지 궁금했다. 그래서 인터뷰를 요청했는데, 바짜라는 흔쾌히 취재에 응했다. 콘퍼런스에 트리에스테 이름이 있어 당연히 주 정부나 시 정부가 관여할 거라고 생각했다. 하지만 2014년 첫 개최부터 바짜라의 주도로 시작했고, 바짜라가 지금까지 이끌어오고 있었다.

프랑코 회장은 "커피협회 행사에 갔다가 전문 콘퍼런스를 개최하자는 아이디어를 냈다. 그랬더니 주변에서 직접 한 번 추진해 보면 어떻겠냐고 권유하더라"라며 "늘 커피 문화를 알리는 데 관심이 많았는데 이번 기회에 직접 해보자고 결심했다"고 말했다.

'트리에스테 커피 엑스퍼트'는 전 세계 커피 전문가를 초청해 토론하는 메인 행사를 중심으로, 올해의 커피인을 선정해 시상하는 '커피 캐릭터 어워드'를 열어 커피 업계를 격려한다. 커피 산업에 종사하며 커피의 미래를 고민하는 사람들이 머리를 맞대는 중요한 행사다.

매번 큰 주제를 중심으로 이탈리아뿐만 아니라 전 세계 주요 커피와 관련된 회사의 중역과 담당자들이 참석한다. 이탈리아 주요 커피 머신 회사인 시모넬리, 커피에서 가장 중요한 요소로 꼽히는 물을 정수하는 시스템을 판매하는 BWT와 브리타 등 커피 연관 산업계가 주 참석자다. 2019년 열린 바짜라 커피 엑스퍼트의 주제는 'Coffee Destiny'**커피의 운명**였고, 2023년에는 'Future Coffee'**미래의 커피**, 2025년 주제는 'Megatrends'**메가트렌드·미래 대세 흐름**다.

(2021년에는 코로나19 팬데믹으로 열리지 않았다.)

프랑코 회장은 이 행사의 가장 큰 목적은 "커피에 대한 관심 환기"라고 설명했다. 그런 만큼 행사 내용은 유튜브를 통해 누구나 볼 수 있도록 생중계한다. 한국 신문사의 인터뷰를 흔쾌히 받아들인 것도 그런 이유였다. 트리에스테 행사장에 참석하지 못하는 전문가는 화상을 통해 참석할 수 있도록 문을 열어 놓아 논의가 더 풍부해질 수 있도록 노력한다고 했다. 이틀 동안 열리는 행사에 50여 개국의 커피 업계 전문가들이 참여하는 비결이다.

프랑코 회장은 열정적으로 인터뷰를 하면서 직접 머신에서 내린 에스프레소를 연거푸 들이켰다. 나는 커피를 좋아하지만 하루 3잔이 한계인데 (4잔째가 되면 몸은 피곤한데 잠이 안 오는 상태가 된다.) 프랑코 회장은 물 마시듯 에스프레소를 마셨다. 잠은 잘 주무시냐 물었더니 프랑코 회장은 껄껄 웃으면서 "집에 가면 늘 꿀잠을 잔다"고 말했다. 그러면서 "나는 아마도 수혈하면 피에서 커피가 나올 것"이라면서 "나는 못 말리는 '커피 맨'Coffee man이다"고 덧붙였다.

프랑코 회장은 커피를 사랑해서 많은 비용이 드는 콘퍼런스를 직접 주최하고, 이탈리아어 책 〈커피의 세계〉도 집필했다. 아들 마르코 씨는 본사 건물에서 '바짜라 아카데미'를 운영하고 주요 잡지에 커피와 관련된 글을 기고하며 최신 커피 문화와 기술을 알리기 위해 힘쓴다.

프랑코 회장처럼 커피 산업과 이 산업에 종사하는 사람들을 취재하다보면 느껴지는 공통점이 있다. "나만 잘 되어야지" 혹은 "내가 가장 잘 되어야지" 하는 마음보다 "다 같이 잘 되어야 한다"는 큰 명제에 다들 공감하고 그렇게 되도록 함께 노력한다는 점이다. 최대 이윤을 추구하는 것이 미덕인 경영학적 측면에서 보면 말이 안 되는 전제인데, 이상하게도 커피 업계 사람들은 이를 실천하고 있다. 적어도 나에게는 커피 산업 전체를 응원하게 되는 이유 중 하나다.

• 이탈리아 커피 머신 회사에 가다

트리에스테에 본사를 둔 주요 기업 2곳과 커피 유통을 알고 싶어 취재한 글로벌 유통 기업 볼레스Vollres 관계자까지 예정된 취재를 마쳤지만 이렇게 떠나기는 아쉬웠다. 이탈리아 3대 커피 머신 회사 중 한 곳인 'CMA 커피 머신 그룹' 본사가 트리에스테 인근인 수세가나에 있다고 해서, 아테네에서 만난 온갖 인맥을 동원해 방문 약속을 잡았다. 나름 운이 따랐다고 할까.

차량으로는 트리에스테에서 1시간 반 거리지만 기차를 갈아타고 가니 가장 가까운 역까지 3시간 가까이 걸렸다. 역에서도 차로 10분 정도는 더 가야 본사가 나오는데, 기차로 이동한다고 하니 본사 직원이 데리러 나와 줘서 고

이탈리아 커피 머신 브랜드 '아스토리아' 조립 라인.

마웠다. CMA 그룹 본사의 첫 인상은 생각보다 소박했다. 주변에는 작물을 키우는 밭이 끝없이 펼쳐져 있어 시골 농장 속 공장 같기도 했다.

소박한 인상과 달리 내부는 현대적이고 규모도 컸다. 그룹에 속한 대표 커피 머신 브랜드로는 아스토리아Astoria, 웨가Wega, 스톰Storm 등이 있고 이곳 본사 공장에서 이들 브랜드 전부를 생산한다. 스톰의 경우 스페셜티 커피 머신 자회사 '바리스타 애티튜트'Barista Attitude 산하의 하이엔드 브랜드로, 최근 몇 년간 '월드 바리스타 챔피언십'을 후원하는 대회 공식 커피 머신으로써 대회가 열릴 때마다 개최국을 이미지화한 디자인을 선보이고 있다. 이곳을 취재하게 된 계기는 우연이었다. 아테네에서 대회 공식 머신인 스톰과 관련된 이야기를 나누다가 커피업계 관계자에게 트리에스테에 취재를 간다고 했더니 근처에 있는 CMA 그룹 공장도 한번 견학해보는 것이 어떻겠냐는 권유를 받았다.

직원이 건네준 안전 조끼를 입고 공장 내부로 들어가 보니 생산 라인별로 CMA 그룹을 대표하는 브랜드 제품의 조립이 한창이었다. 자동화 공장이지만 곳곳에서 사람 손으로 조립하는 모습이 눈에 띄었다. 이곳에서 생산한 커피 머신이 전 세계 140개국에 '메이드 인 이탈리아' 제품으로 수출된다고 했다. 이탈리아 내 커피 머신 제조공장으로는 가장 큰 규모라는 설명도 따라왔다. 회사 규모로는 라 마르조코La Marzocco, 누오바 시모넬리Nuova Simonelli 그룹이 더 크지만 이들 회사는 여러 곳에 제조 공장을 분산해 운영하고 있다.

CMA 그룹의 하이엔드 머신 자회사 '바리스타 애티튜드'의 마케팅 책임자와 인터뷰했는데, 뜻밖에 한국 스페셜티 시장의 성장세가 놀랍다고 말했다. 실제로 스톰의 아시아 최대 판매국이 한국이라고 했다. 그 말을 듣고 보니 동네 작은 로스터리 카페에도 심심찮게 스톰이 놓여져 있던 기억이 났다. 한 대에 못해도 2000만 원이 넘는 고가의 커피 머신이 잘 팔리는 나라라니, 정말 한국인의 커피 사랑은 지독하다는 생각이 들었다.

3. 유럽 커피 물류의 중심지, 벨기에 앤트워프

CMA 그룹 본사에서 나와 트레비소 공항으로 향했다. 이번 출장 취재의 마지막 목적지인 벨기에 앤트워프를 가기 위해 수도 브뤼셀로 향하는 비행기를 타기 위해서였다. 갑작스러운 취재 요청에도 일정을 조정해준 세일즈 담당자가 퇴근길에 직접 공항까지 데려다줘서 고마웠다. 다행히 한국에 대해 좋은 이미지를 갖고 있는 청년이어서, 내년 부산 출장이 무척 기대된다고 했다. (바로 다음 해인 2024년 5월 부산에서 '월드 오브 커피 아시아 & 월드 바리스타 챔피언십'이 열렸다.)

내가 탈 예정인 비행기는 라이언에어였는데, 저가 항공인 만큼 이른 아침이나 늦은 밤 비행기가 많아 아무것도 없는 작은 공항에서 5시간 정도 대기해야 했다. 때로 해외 출장으로 취재를 하다보면 '무슨 영화를 누리겠다고 이 고생인가' 싶은 생각이 들 때가 있는데 이렇게 쓸데없이 대기 시간이 길 때 주로 그렇다. 그런데 내가 자처한 고생길이었고 많은 사람의 도움으로 계획했던 것보다 더 많은 곳을 보고 돌아와서 다행이라고 스스로를 위로하며 지루한 대기 시간을 버텼다.

자정에 가까운 시각 브뤼셀 공항에 도착해 공항 근처 비즈니스 호텔에 숙박하고 다음 날 시내로 이동하기로 했다. 공항에 도착해보니 잘한 선택이었다. 시내로 이동하는 대중교통은 이미 끊겨서 호텔을 미리 예약하지 않았으면 공항에서 노숙할 뻔했기 때문이다. 비록 차로 5분 거리의 호텔까지 말도 안 되는 금액의 택시비를 내기는 했지만(걷다가 되돌아 왔다. 도로 구조상

유럽 커피 물류의 중심지 벨기에 앤트워프의 개성있는 커피 로스터리.
'커피가 당신과 함께 하기를'이라는 문구가 재밌다.

도보로 갈 수 없는 곳이었다.) 안전하게 호텔에 도착한 것으로 만족하기로 했다.

벨기에 앤트워프를 마지막 취재지로 선정한 이유는 앤트워프항이 유럽 최대의 커피 유통항이고, 항구 내 유럽 최대 규모의 커피 저장 창고가 있다는 정보 때문이었다. 가장 보고 싶은 곳은 앤트워프항 내에 있는 커피 창고였는데, 폐쇄적인 항구 특성과 면세 구역인 점 등 때문에 끝내 취재 허락을 받지 못했다.

대신 벨기에 스페셜티 커피 기업 등을 통해 간접적으로 취재하기로 마음먹고 앤트워프를 마지막 행선지로 삼았다. 유럽 대륙 전체로 보면 작은 나라인 벨기에가 유럽 최대의 커피 물류 통로라는 점이 흥미를 끌었다. 독일, 프랑스, 네덜란드, 룩셈부르크에 둘러싸여 있고 북해에 접한 벨기에는 실은 물류 강국이다. 2024년 기준 인구가 1188만 명 수준이라고 하니 우리나라 수도권 인구에도 못 미친다. 크기는 작지만 강한 나라다.

커피 유통 측면에서 보자면 벨기에 앤트워프항은 그야말로 유럽 커피 허브항이라고 할 수 있다. 아프리카와 중남미 같은 커피 산지에서 들여온 생두는 앤트워프항을 통해 유럽 전역에 유통된다. 커피 수입 물량으로 치면 독일 함부르크항도 규모가 만만하지 않다. 하지만 앤트워프항은 생두를 수입한 뒤 재가공해 수출하는 산업 모델을 오래 전부터 구축해 온 역사가 있고, 온도와 습도 변화가 적어 생두를 보관하기 최적인 기후 조건으로 인해 대규모 생두 저장 창고가 있어 유럽 최대의 커피 허브항이라고 부를 만하다.

앤트워프항 내부 견학은 성사되지 않아 아쉬웠지만, 벨기에 커피 산업에 대해 설명해줄 수 있다는 앤트워프의 커피 회사 대표와 만날 약속을 잡았다. 벨기에가 작은 나라다보니 수도 브뤼셀에서 제2의 도시 앤트워프까지는 기차로 1시간 정도밖에 걸리지 않았다.

만난 사람은 '쿠페러스 커피'Cuperus Kuffie의 글렌 드 루크Glenn De Rouck 대표였다. 그의 설명에 따르면 벨기에 건국보다 커피 회사가 먼저 생겼을 정도로 앤트워프는 커피 수입으로 역사가 오래됐다고 했다. 앤트워프의 강점은 항구와 시내가 불과 2km 밖에 떨어져 있지 않아서, 언제든지 항구 내 커피 보관 창고에 커핑Cupping·커피 맛 감별을 하러 갈 수 있고, 커피 구매 역시 유럽 어느 곳보다 쉽다는 점이다. 한마디로 스페셜티 커피에 대한 접근성이 높아서 수준 높은 커피를 동네 카페에서 일상적으로 즐길 수 있는 환경이 갖춰져 있다는 뜻이다. 드 루크 대표는 "벨기에에도 스타벅스가 진출했지만 지점을 많이 늘리지 못하는 이유가 그래서다"고 설명했다.

앤트워프항에는 엄청난 커피 수입 물량만큼 이를 보관하는 생두 창고 규모도 크다. 몰렌버그나티, 볼레스, 파코리니 같은 커피 전문 유통회사가 창고를 두고, 그대로 수출하거나 생두를 원두로 가공해서 재수출하는 커피 유통 비즈니스가 활발하다. 예를 들어 2023년 기준 몰렌버그나티가 앤트워프 항에 보관하고 있는 커피 양만 해도 40만 톤t에 달했는데, 이는 약 430억 잔의 커피를 만들 수 있는 엄청난 양이다.

드 루크 대표와의 인터뷰는 여러 모로 흥미로웠다. 중남미 커피 생산자들이 3~4대에 거쳐 커피를 재배해오는 가족 사업인 경우가 흔한 것처럼 드 라크 대표의 커피사업도 4대에 걸친 가족 사업이었다. 그는 쿠페러스 커피, 커피 드 블릿Koffie De Vlijt, 바 스타크Bar Stark 등 생두 유통·가공 회사와 카페를 운영하고 있다. 1926년 커피를 수입하고 유통하는 회사 '커피 드 블릿'을 창업한 증조부에 이어 조부, 모친에 이어 4대째 커피 산업에 종사한다.

벨기에 앤트워프의 카페 '바 스타크'에서 만난 '쿠페러스 커피' 글렌 드 루크 대표.

'커피 드 블릿'으로 커피 산업에 발을 들인 드 루크 대표의 가족은 1823년 앤트워프에서 시작된 벨기에에서 가장 오래된 커피 로스터리 회사 '쿠페러스 커피'를 2011년 인수하면서 사업 규모를 키웠다. 벨기에 건국이 1830년이니 7년이나 앞서 창업한 200년 역사를 자랑하는 회사다. 창업 당시에는 차Tea 회사였지만, 이후 커피를 수입해서 로스팅하고 유통하는 회사로 성장했다.

설명을 들을수록 벨기에는 커피와 떼놓을 수 없는 나라라는 생각이 들었다. 벨기에에서 가장 큰 슈퍼마켓 체인 콜뤼트Colruyt의 시작은 커피를 볶아 판매하는 사업이었다고 했다. 1928년 창업한 이 회사는 콩고, 르완다 같은 벨기에 식민지에서 나는 커피, 향신료, 설탕 등 소위 '식민지 제품'을 유통하기 시작하면서 회사 규모를 키웠다. 드 루크 대표는 "그런 오래된 역사가 있으니 벨기에는 유럽 다른 국가보다 기본적으로 가정에서 소비하는 커피의 질이 높은 편이다"고 덧붙였다.

이탈리아 트리에스테에서 민간 기업이 나서 커피 콘퍼런스를 개최하는 것처럼 앤트워프에서도 민간에서 힘을 합쳐 커피 문화를 확산하려는 노력이 눈에 띄었다. 앤트워프에서 유명한 커피 로스터 회사 7곳이 모여 '앤트워프 커피 위크'Antwerp coffee week를 조직하고 선보이기 시작했다. 코로나19 팬데믹으로 몇 개월씩 카페 운영이 중단되면서 위축된 카페 문화를 살리고 스페셜티 커피 문화를 확산하기 위해 2022년부터 시작한 행사다. 물론 쿠페러스 커피도 참여했다. 벨기에의 오랜 커피 역사를 듣고 보니 드 루크 대표의 카페 '바 스타크'에서 마신 커피 맛이 역시 예사롭지 않게 느껴졌다.

물의 도시 이탈리아 베네치아는 16세기 유럽 유행의 중심지였다.
유럽에서 커피 문화가 가장 먼저 꽃핀 도시 중 하나이기도 하다.

4. 300년 전 유럽 최초 카페는 이랬다

1) 카페 플로리안 | 이탈리아 베네치아

커피와 커피 취재에 푹 빠지면서 출장이나 휴가 때 그 도시의 가장 오래된 카페에 가보는 것이 습관이 됐다. 가장 오래된 카페에 가보면 그 나라의 역사가 보이고, 커피에 대해 몰랐던 사실을 알게 되는 경우도 많다. 커피를 좋아한다면 조금의 짬을 내 가장 오래된 카페에 가보기를 추천한다.

그리스 아테네에서 열린 '2023 월드 오브 커피 & 월드 바리스타 챔피언십' 취재 후 다음 목적지인 트리에스테로 가기 위해서는 직항이 있는 베네치아로 가야만 했다. 이왕 베네치아에 가니 트리에스테로 넘어가기 전 짬을 내 유럽에서 가장 오래 운영된 카페로 알려진 '카페 플로리안'Caffè Florian에 들르기로 했다. '카페 플로리안'은 1720년 창업해 지금까지 중단 없이 운영하고 있는 가장 오래된 카페로, 1686년 문을 연 프랑스 파리의 '카페 프로스코프'Café Procope보다 늦게 문을 열었지만 '카페 프로스코프'는 중간에 문을 닫았다가 다시 문을 열어서 '카페 플로리안'이 유럽에서 가장 오래된 카페로 여겨진다.

　300년 넘게 한 자리를 지킨 카페는 과연 어떤 곳일까 두근거리는 마음으로 '카페 플로리안'을 찾았다. 베네치아의 중심지인 산 마르코 광장에 있는 카페는 고풍스러웠다. 한국이었다면 벌써 몇 번의 재개발을 거쳐 과거 흔적이 아예 남아있지 않거나, 남아 있더라고 해도 원래 모습은 아주 미세하게

'카페 플로리안'의 위대한 인물의 방 전경. ⓒ카페 플로리안

남아있을 가능성이 높은데, '카페 플로리안'은 달랐다. 19세기에 재단장했지만 여전히 1700년대 당시 모습이 많이 남아있다. 마치 300년 전으로 시간 여행을 하는 기분이 들게 하는 공간이었다.

기록도 정확히 남아있다. '카페 플로리안'은 1720년 12월 29일 '승리하는 베네치아'Alla Venezia Trionfante라는 이름으로 개업했다. 그런데 문을 연 지 몇 달 지나지 않아 베네치아인들이 카페의 창업자 플로리아노 프란체스코니Floriano Francesconi의 이름을 따 '플로리안'이라고 부르면서 '카페 플로리안'으로 굳어졌다. 한국으로 치면 '영광 한국관' 같은 거대한 의미를 담은 이름이었는데 찻집 주인 이름인 이찬실 씨의 이름을 따서 '찬실이네'가 된 것과 같다고 하겠다.

그렇게 탄생한 '카페 플로리안'이 살아남을 수 있었던 것은 좋은 위치와 함께 이곳을 보존하고자 하는 베네치아 공국 국민들의 노력이 아니었을까. 주인이 바뀌었지만 이름이 그대로 남았고, 새 주인이 복원을 의뢰해 옛 모습이 보존되었기 때문이다.

플로리아노 프란체스코니가 처음 플로리안의 문을 열 때만 해도 단순한 방 2개가 전부였다고 한다. 1700년대 중반 공간이 더 필요해지자 2개의 방을 더해 초기에는 총 4개의 방이 있는 커피 하우스였다. 1800년대 중반이 되자 프란체스코니 가문은 빈첸초 포르타Vincenzo Porta, 조반니 파르델리Giovanni Pardelli, 피에트로 바카넬로Pietro Baccanello 등 3명에게 플로리안을 매각했다. '카페 플로리안'의 새 주인이 된 3명은 1858년, 베네치아 미술 아카데미의 저명한 건축가 로도비코 카도린Lodovico Cadorin에게 카페의 복원과 재장식을 의뢰했다. 그 결과 새로운 방 2개가 추가됐고, 그때 모든 방에 이름이 붙었다.

중국의 방, 동양의 방, 위대한 인물의 방, 상원의 방, 계절의 방, 자유의 방까지 총 6개의 방은 각자 개성을 뽐내며 지금도 손님을 맞고 있다. 실제로 방문했을 때 여전히 19세기 중반 복원했을 당시의 천장화나 그림이 그대로 남아있어 고풍스러웠다. 보타이를 매고 잘 갖춰 입은 웨이터들이 커피와 음식을 가져다 줘서 그 당시 손님들이 보는 풍경과 비슷했겠다 싶었다.

'카페 플로리안'의 역사가 길다보니 이곳을 찾은 유명인도 많다. 이탈리아인 중에는 희대의 사랑꾼 지아코모 카사노바 Giacomo Casanova가 이곳의 단골이었다고 한다. 플로리안은 여성의 출입이 허용된 최초의 유럽 카페였는데, 카사노바는 이곳에서 여성들과 주로 데이트했다고 전해진다.

독일의 철학자 요한 볼프강 폰 괴테, 영국 시인 조지 고든 바이런, 독일의 철학자 장 자크 루소, 영국 작가 찰스 디킨스가 이탈리아 여행 중 플로리안을 찾아 베네치아인들과 대화를 나눴다는 기록도 있다. '카페 플로리안' 홈페이지에 따르면 현대에 와서도 많은 명사들이 플로리안을 찾았다. 영국 엘리자베스 2세 여왕, 프랑수와 미테랑 프랑스 전 대통령, 자크 시라크 프랑스 전 대통령, 작곡가이자 가수 엘튼 존, 마틴 스코세이지, 올리버 스톤, 클린트 이스트우드 같은 영화 감독, 배우 찰리 채플린 등 이름만 대면 알 만한 많은 사람들이 방문한 곳이 바로 '카페 플로리안'이다.

'카페 플로리안'에 앉아 있으니 마치 박물관 속에서 커피를 마시는 기분이 들었다. 사실 커피 맛이 좋거나 가격이 저렴하지는 않다. 당시에도 그랬겠지만 커피가 주력이라기보다는 음식과 샴페인, 초콜릿과 커피, 차가 함께하는 '만남의 장'의 성격이 더 크다. 플로리안은 베네치아를 방문하는 사람이라면 누구나 가는 관광지가 되기는 했지만, 그래도 여전히 유럽 최초의 카페라는 점에서 한번쯤 가보면 좋은 곳이다.

2) 카페 프로코프 l 프랑스 파리

그리스-이탈리아-벨기에 출장을 마치고 한국으로 돌아오기 위해 프랑스 파리에 들렀다. 벨기에와 한국 인천공항을 잇는 직항이 없어서 벨기에와 가장 가까운 도시 파리에서 귀국행 비행기를 타기로 했다.

벨기에 브뤼셀에서 파리까지는 기차를 탔다. 지나가면서 보니 파리에서 영국 런던으로 가는 유로스타 승객은 공항처럼 철저한 짐 검사와 여권 검사를 받고 있었다. 영국이 더 이상 유럽 연합EU 소속 국가가 아니라서이기도 하고 원래 영국은 국경 검문이 까다로운 나라다. 반면 벨기에와 프랑스는 같은 EU 국가로 이동이 자유로워서인지 기차를 타고 나서야 여권을 검사할 정도로 수속이 간단했다.

프랑스 파리의 가장 오래된 카페 '카페 프로코프' 전경.

인천행 비행기를 타기까지는 반나절 정도밖에 시간이 없었지만, 이 기회를 살려 개업 연도로는 유럽에서 가장 오래된 '카페 프로코프'Café Procope에 가보기로 했다. 무려 1686년에 문을 연 곳으로 유럽에 카페의 개념을 알린 곳이다.

점심 무렵 파리 6구 생제르맹 데 프레 지역에 있는 '카페 프로코프'를 찾았다. 입구에는 1686년에 설립되었다는 점을 강조하는 간판이 눈에 띄었다. 범상치 않은 간판을 지나 안으로 들어가자 여러 층에 걸쳐 실내에 테이블이 갖춰져 있고, 카페 뒷골목에는 야외 테이블이 놓여 있어 좌석이 꽤 넉넉했다. 현지인과 관광객으로 붐비기는 했지만, 다행히 앉을 자리가 있었다. 베네치아의 '카페 플로리안'처럼 제대로 갖춰 입은 직원이 야외 테이블로 안내했다.

메뉴판에 '카페 프로코프'의 역사를 영어로 간단히 설명해둬서 도움이 됐다. 시칠리아 출신의 프란체스코 프로코피오 데이 콜텔리Francesco Procopio dei Coltelli가 '카페 프로코프'의 문을 열었다. 유럽에서 최초로 커피를 선보이고, 도자기 컵에 담아 테이블에서 제공하면서 커피를 귀족의 전유물이 아니라 대중에게 확산시킨 곳이라는 설명이다.

설립 당시 '카페 프로코프'가 인기를 끈 것은 이국적인 분위기와 집과는 다른 제3의 공간을 제공했다는 점이 아닐까 싶다. 지금도 그렇지만 식당이나 카페의 인테리어에 많은 공을 들이는 것은 집과는 다른 새로움을 주기 위해서인데 그때도 그랬던 것 같다. 창업주인 프로코피오는 원래 아르메니아인 파스칼이라는 사람 밑에서 레모네이드와 커피를 파는 노점을 운영했다. 1675년 파스칼이 런던으로 떠나자 노점을 이어받아서 하다 돈을 모아 1686년 '카페 프로코프'의 문을 열었다고 한다. 프로코피오는 이 새로운 공간에 샹들리에를 설치하고 대리석 테이블, 거울 장식을 더해 이국적인 정서를 심었고 이는 성공으로 이어졌다.

'카페 프로코프'에 나폴레옹이 식사와 커피 값 대신 맡겼다는 모자.

그 결과 '카페 프로코프'는 17~18세기 프랑스 계몽주의 중심지로 자리를 잡았고 수많은 철학자, 혁명가들이 드나드는 파리의 대표적인 사교 장소가 됐다. 1689년 '카페 프로코프'의 맞은편에 코메디 프랑세즈 극장이 생겼고, 배우와 지식인이 자연스레 '카페 프로코프'에 모이게 되면서 전성기가 시작됐다. '카페 프로코프'는 프랑스 혁명의 중심에도 있었다. 혁명을 이끈 혁명가들이 이곳에 모여 정세를 논의했다.

프랑스 철학자 볼테르는 특히 '카페 프로코프'의 단골이었고 루소, 로베스피에르 같은 계몽주의자들이 이곳에 모여 의견을 나눴던 것으로 전해진다.

무명의 군인이었던 젊은 시절 나폴레옹도 이곳을 찾아 혁명가들의 토론에 참석했는데, 가난했던 그가 돈이 없어 커피 값을 내지 못하자 나중에 꼭 빚을 갚겠다는 의미로 모자를 맡기고 떠났다. 실제로 '카페 프로코프'는 이 같은 일화를 담은 설명과 나폴레옹의 모자를 전시하고 있다. 단골이었던 볼테르의 흉상도 카페 한 켠에 자리 잡고 있다.

프랑스 혁명 당시 지식인들이 모여 정세를 논의하던 곳이었지만 혁명 이후 정치적·사회적 혼란이 계속되면서 '카페 프로코프'는 1872년 문을 닫고 만다. 이후 소유주가 여러 차례 바뀌면서 프로코프라는 이름도 잃었다. 이곳은 한 때 선술집이나 식당으로 운영되기도 했다고 한다.

'카페 프로코프'가 부활한 것은 1950년대 이후 프랑스 정부와 문화계가 이곳을 유럽 최초의 카페라는 문화유산이라는 점을 강조하며 복원에 나서면서다. 1957년 부활한 '카페 프로코프'는 커피를 팔지만 카페라기보다는 식당으로 운영하고 있다. 메뉴 이름도 재밌었다. 내가 방문했을 2023년 당시 대표 세트 메뉴는 '프로코프 메뉴', '철학자의 메뉴'였다. 스타터와 메인 코스, 디저트로 구성됐고, 음식 맛이 나쁘지 않았다. 커피는 따로 주문해야 했는데, 솔직히 '카페 플로리안'과 마찬가지로 커피가 엄청 맛있지는 않았다.

그럼에도 '카페 프로코프' 방문은 가치가 있었다. 80여 년의 공백이 느껴지지 않을 정도로 잘 복원된 공간이라, 18세기 파리에서 혁명을 논의하던 지식인들의 모습이 절로 떠올랐다.

3) 카페 아 브라질레이라 I 포르투갈 리스본, 카페 마제스틱 I 포르투갈 포르투

    2024년 6월 포르투갈로 이른 여름 휴가를 떠났다. 유럽의 감성을 즐기고 싶지만 휴양지의 기분도 느껴보고 싶어서 한 선택이다. 열흘 동안 리스본, 포르투, 라고스를 돌아보는 일정이었다. 친한 친구 3명과 함께 어렵게 휴가 일정을 맞췄다. 이미 앞서서 여러 번 함께한 해외여행을 통해 각자의 서로의 취향을 잘 알게 되었는데, 각자 개성이 달라도 공통적으로 좋아하는 것은 현지 음식을 먹는 데 진심이라는 점과 술과 커피를 즐긴다는 점이었다.

    그래서 우리는 방문하는 도시마다 의미 있는 카페를 한 군데 정도는 꼭 들렀다. 포르투갈 수도 리스본에서는 이곳을 떠나기 전 마지막으로 '카페 아 브라질레이라'Café A Brasileira를 찾았다. 트램의 도시답게 트램 정거장 바로 앞에 있는 이곳은 포르투갈의 국민 시인 프랑소아 페소아의 단골 카페로 유명하다. 카페 바로 앞에는 페소아의 청동상과 의자가 있어서 많은 관광객들이 사진을 찍으러 들르는 곳이기도 하다.

    브라질 미나스 제라이스에서 커피 무역을 하던 포르투갈 상인 아드리안 테리스Adrian Telles는 자신이 수입한 브라질 커피를 판매하기 위해 1905년 11월 19일, '브라질 사람의 카페'라는 의미를 담은 카페를 시작했다. 사실 '카페 아 브라질레이라'가 리스본에서 가장 오래된 카페는 아니다. 리스본에서 가장 오랜 역사를 자랑하는 카페는 1782년 문을 연 '마르티뇨 다 아르카다'Martinho da Arcada다. 이곳도 역시 프랑소아 페소아가 즐겨 찾은 카페로 유명하다.

    '마르티뇨 다 아르카다' 대신 '카페 아 브라질레이라'를 찾은 이유는 이곳에서 새로운 커피 '비카'Bica가 탄생했다는 설명 때문이었다. '비카'는 리스본식 에스프레소인데, 쓴 커피에 설탕을 넣어 달달하게 마신다. '비카'라는 말의 탄생도 재밌다. 에스프레소가 많이 쓰다 보니 '설탕을 넣어 함께 마셔야

한다'라는 의미의 포르투갈어 'Beba isto com açúcar'의 앞글자 딴 Bica로 널리 불리게 됐다는 설명이다.

또 하나는 커피 주전자를 거치지 않고 커피 머신에서 갓 뽑은 커피를 바로 컵으로 받아서 마신다고 해서, 커피 머신의 주둥이, 즉 포르투갈어로 'Bicas'에서 직접 잔에 따라 내린다는 의미로 그렇게 불렀다는 설명도 있다. '카페 아 브라질레이라'의 손님들은 주전자에 담은 커피를 다시 잔에 옮기면 커피의 풍미가 떨어진다고 생각해 잔에 커피를 바로 뽑는 이 방식이 일반화됐다고 한다. 카페 내부에는 '카페 아 브라질레이라'의 역대 비카잔을 전시하면서 비카의 기원을 설명하는 글이 붙어 있다.

결국 '카페 아 브라질레이라'가 선보인 '비카'는 리스본 시민의 삶에서 빼놓을 수 없게 되는데, 그래서 "여기서 리스본의 커피가 태어났다"Aqui nasceu o

포르투갈 리스본의 역사가 흐르는 '카페 아 브라질레이라' 입구(왼쪽)와 내부.

café em Lisboa는 말이 나왔다. 그만큼 '카페 아 브라질레이라'는 리스본의 정체성을 담은 상징적인 카페인 셈이다.

실내는 역시나 아주 고풍스러웠다. 황동과 대리석, 거울로 꾸민 아르누보풍의 실내 장식이 창립 당시부터 그대로 남아 있어 고급스러운 분위기가 감돌았다. 실내를 둘러본 우리는 트램이 뒤로 지나가는 야외 테이블에 앉아 비카와 함께 리스본의 상징 에그타르트를 먹었다. 당연히, 비카에는 설탕을 듬뿍 넣었다. 리스본의 낭만이 비카 한 잔에 담겼다.

낭만 가득한 리스본을 떠나 휴양도시 라고스로 이동해 잘 쉬었다. 포르투갈 여행은 포르투갈 제2의 도시 포르투에서 마무리하기로 했다. 리스본과 또 다른 감성이 있는 포르투 시내에서는 이곳에서 가장 오래된 카페 '카페 마제스틱'Café Majestic을 찾았다. 1921년 문을 열어 이제 막 100년이 지나 유

포르투갈 포르투에서 가장 오래된 카페 '카페 마제스틱' 내부.

럽에서는 비교적 신생 카페지만 유럽이 가장 풍요로 넘쳤던 시기 개업한 카페라 그런지 화려함이 넘쳐났다.

양면을 장식한 거울과 화려한 샹들리에, 대리석 바닥까지 유럽식 살롱 분위기를 그대로 간직하고 있었다. 안쪽에 놓인 그랜드 피아노가 더해지니 이곳에서 라이브 피아노 연주를 들으면서 커피를 마시고, 예술을 논했겠구나 하는 생각이 들었다.

'카페 마제스틱'은 1980년대 이후 복원 작업을 거쳐 현재까지 유지되고 있다고 했다. 관광지이지만, 벨에포크 양식의 실내 장식을 보면서 마시는 커피 한 잔은 꽤 괜찮았다.

5. 카페 투어의 성지, 일본 도쿄

일본 도쿄는 언제 가도 볼 것, 할 것이 많은 곳이다. 일본에서 가장 오래 있었던 곳은 후쿠오카지만(회사 일로 규슈 지역 최대 신문 〈서일본신문〉 교환 기자로 1년 일했다.) 가장 여러 번 간 곳을 꼽으라고 한다면 역시 도쿄다. 특히, 일본 지방여행에 빠져 도쿄로 입국해 다른 소도시로 가는 여행을 하게 되면서 도쿄는 셀 수 없이 찾은 일본 도시다.

'커피 러버'로서 도쿄에 갈 때마다 이름난 로스터리를 찾곤 했다. 꼭 나처럼 '커피 러버'가 아니더라도 도쿄는 이미 카페 투어로 유명하다. 미국 3대 스페셜티 커피로 꼽히는 블루보틀이 해외에 첫 지점을 낸 곳이 바로 도쿄이고, 북유럽 스페셜티 커피 로스터리 푸글렌Fuglen은 스페셜티 커피 바람이 불던 초기인 2012년에 이미 도쿄 시부야에 지점을 냈을 정도다. 스타벅스의 로스터리 특화 매장 '스타벅스 리저브'는 상하이에 이어 아시아에서는 두 번째인 2019년 도쿄에 들어섰다.

이제는 한국의 스페셜티 커피가 아시아에서는 적어도 일본을 뛰어넘었다고 평가하는 커피 업계 사람들이 나올 정도로 지형이 바뀌고 있지만, 여전히 일본은 '커피 러버'라면 빼놓을 수 없는 커피 투어 장소다.

도쿄에서 가장 기억에 남는 카페는 2022년 10월 찾은 '마메야 카케루' Mameya Kakeru다. '오마카세 커피'로 잘 알려진 곳으로 전 세계의 유명 로스터리 커피를 에스프레소, 커피 칵테일 등으로 다양하게 맛볼 수 있어 유명해졌다. 스시도 아니고 커피를 가게에 전적으로 맡긴다니 어떤 느낌일지 궁금했다. 도쿄에 가면 꼭 가봐야 할 커피 전문점으로 추천을 받아서 더욱 기대가 됐다.

예약제로 운영되는 곳이라 미리 예약을 하고 '마메야 카케루'를 찾았다. 2022년 당시 한 종류의 커피를 총 7가지 버전의 코스로 맛볼 수 있는 '커피 마메야 코스'Koffee Mameya Course는 3000엔이었다. (2025년 현재는 '시그니처 코스'가 6500엔으로 가격이 많이 올랐다.) 식사가 아니라 커피라는 점을 감안하면 절대 대중적인 가격은 아니지만, 거의 만석일 정도로 인기가 많은 곳이다.

도쿄의 청담동 오모테산도에 있는 '마메야'가 커피를 단품으로 즐길 수 있는 본점이라면, 기요스미 시라카와의 '마메야 카케루'는 마메야의 철학을 느낄 수 있는 공간이라고 할 수 있다. 실제로 바리스타는 소믈리에이자 셰프라는 철학을 가진 구니모토 에이치國友栄一 대표가 '커피의 미식 체험'을 목표로 2021년 '마메야 카케루'의 문을 열었다. '마메야 카케루'가 있는 기요스미 시라카와는 서울의 성수동쯤 되는 곳으로, 블루보틀 일본 1호점이 이곳에 있다.

기요스미 시라카와역에 내려 '마메야 카케루'까지는 조용한 주택가가 펼쳐졌다. 과연 이곳에 카페가 있을까, 길을 잃은 게 아닐까 고민하다 길을 되돌아가서야 바닥에 놓인 '마메야 카케루'의 작은 간판과 마주할 수 있었다. 오래된 창고를 개조해 사용하는 공간으로 외관만 보고는 언뜻 그냥 지나치기 쉽다.

문을 열자 의사처럼 하얀 가운을 입은 바리스타가 미소를 머금고 나타났다. 카페에 들어서자 마자 일본의 '오모테나시'가 시작되는 느낌이었다. (오모테나시는 앞과 뒤가 다르지 않다는 뜻으로, 진심을 담은 환대를 뜻한다.) 모든 좌석은 바리스타를 바라보는 바 형태로 되어 있었다.

나를 담당하는 바리스타는 여성 바리스타였는데, 외국인이 많이 오는 만큼 영어로도 설명할 수 있다고 했다. 일본어가 더 편한 나는 일본어로 소통하기로 했다. 알러지는 없는지 세심하게 확인한 바리스타는 원두를 고르라고 안내했다.

일본 도쿄 기요스미 시라카와의 커피 전문점 '마메야 카케루'. 주택가에 있고 오래된 창고를 개조해 만든 건물이라 지나치기 쉽다.

마메야가 로스팅한 원두뿐만 아니라 호주의 '코드 블랙', 교토의 '오가와', 홍콩 '커핑 룸' 등 전 세계 유명 로스터리의 원두를 선택할 수 있어 흥미로웠다. 선택할 수 있는 원두에는 부산 '모모스커피'도 있는데, '모모스커피'와는 오랫동안 좋은 관계를 유지하고 있다고 했다. (마메야 카케루를 찾은 것도 모모스커피 이현기 대표의 강력 추천 덕이 컸다.) 담당 바리스타는 내가 부산에서 왔다고 하니 바로 지난주에 도쿄를 찾은 모모스커피 전주연 바리스타가 이곳을 방문했다며 언젠가 부산 모모스 커피에 가보고 싶다고 말했다.

운이 좋게 구니모토 대표도 만날 수 있었다. 그는 "모모스커피는 커피도 좋지만 나에게는 좋은 친구이기도 하다"며 친근하게 말했다. 도쿄 한복판에서 마시는 한국, 그것도 서울의 많은 카페를 제치고 부산의 모모스커피라니 약간 감동했다.

모모스커피는 부산에서 언제든 마실 수 있으니 호주 '코드 블랙'의 콜롬비아산 원두를 선택했다. 지금은 메뉴 구성이 조금 달라졌지만 2022년 당시에는 콜드 브루와 목테일, 밀크 브루와 목테일, 필터 커피, 라테, 에스프레소, 일본 과자로 구성된 코스가 차례로 제공됐다. 코스 설명처럼 한 가지 원두로 다양한 버전의 커피를 마실 수 있는데, 같은 원두다보니 향미는 기본적으로 같은데 마시는 방식에 따라 맛이 미묘하게 달라지는 점이 재밌었다.

코스마다 각기 다른 잔에 커피를 제공하는 것도 흥미로웠다. 블랙 와인 잔, 투명 와인잔, 일본 찻잔 등 커피잔을 보는 재미가 있었다. 바리스타와 도쿄와 부산의 커피 이야기, 도쿄 맛집 이야기 등을 하면서 커피를 마시다보니 시간이 훌쩍 갔다.

커피에 관심 있는 사람이라면 꼭 들르는 도쿄 필수 코스가 된 '마메야 카케루'의 저력이 느껴졌다. 커피를 향한 진심과 손님을 대하는 태도까지, 진정한 '커피 미식'을 경험했다.

'마메야 카케루'에서는 같은 원두를 여러 가지 방식으로 맛볼 수 있는 '커피 오마카세'를 즐길 수 있다.

6. 떠오르는 동남아 커피도시, 태국 치앙마이

아시아와 커피는 별로 관련이 없다고 생각할 수 있지만 사실은 그렇지 않다. 우선 베트남은 브라질에 이어 전 세계 커피 생산량 2위를 자랑하고 있고, 인도네시아 역시 전 세계 커피 생산량 4위의 커피 생산 대국이다. 17세기 후반 네덜란드 상인이 인도네시아 자바섬에 커피나무를 심은 이후로 자바 커피는 일종의 브랜드가 됐다. 특히, 인도네시아의 경우 최근 스페셜티 커피로도 점점 주목받고 있어 커피업계의 기대가 크다. 미국 농무부USDA에 따르면 2024/2025 시즌 세계 커피 생산량 10위 안에 베트남, 인도네시아, 인도7위 까지 아시아 국가가 3개나 차지하고 있다.

태국 치앙마이를 여행하기 전까지는 태국에서도 커피를 생산한다는 사실을 몰랐다. 태국은 미식의 나라로 전 세계 관광객의 사랑을 받고 있고, 10여 년 전 방콕을 방문한 적이 있지만 특별히 카페와 커피 둘 다 그렇게 인상 깊지 않았다. 태국에서 커피 재배를 한다고 생각조차 못했다. 그런데 태국 치앙마이를 다녀와서 이 생각은 완전히 바뀌었다.

2023년 10월 뒤늦은 여름 휴가로 떠난 치앙마이는 태국과 커피에 대한 인식을 바꾸는 여행이었다. 우선, USDA에 따르면 태국 북부 치앙마이와 치앙라이에서 재배하는 태국산 커피는 전 세계 커피 생산량의 0.4%를 차지한다. 전 세계 커피 생산량 순위로는 20위에 해당해, 생산량이 꽤 많다.

'커피도시'는 기본적으로 생산보다 소비, 문화에 방점이 찍힌다고 생각한다. 전 세계에서 커피를 많이 생산하는 나라 브라질에서도 커피 생산량의 절반 이상을 차지하는 미나스 제라이스는 대표적인 커피 생산지이지만 커피도시라고 부르기보다 최대 커피 생산지가 더 알맞다. 반면, 호주의 멜버른, 미국 시애틀, 이탈리아 트리에스테, 벨기에 앤트워프, 한국의 부산은 모두 항구를 끼고 있어 커피 물류 중심지로서 커피 산업이 발달해 있고, 그 도시만의 커피 문화가 있는 곳이라 '커피도시'라고 부른다.

그런 점에서 태국 치앙마이는 커피 생산지이면서도 치앙마이만의 커피 문화도 발달해 동남아시아의 떠오르는 '커피도시'라고 부를 만했다. 실제로 방콕과는 또 다른 매력을 찾아 치앙마이를 방문한 관광객들은 치앙마이 카페 투어를 통해 치앙마이를 즐긴다.

우선 치앙마이에는 스페셜티 커피 로스터리가 많았다. 아시아에서 커피 생산량이 제일 많은 베트남에도 카페는 많지만, 개성 있는 스페셜티 커피를 취급하는 로스터리가 발달하지는 않았다. 하지만 치앙마이에는 태국산 커피를 직접 로스팅해 내놓는 카페가 많았고, 중남미와 아프리카의 스페셜티 커피를 소개하는 카페도 있었다.

휴가를 함께 떠난 친구와 함께 치앙마이에 머문 7일 동안 매일 다른 카페를 찾는 일은 큰 즐거움이었다. 미슐랭 맛집을 찾아가고, 하루에 한 번씩 꼭 마사지를 받으면서 중간 중간 개성 있는 카페에서 커피를 마시며 그렇게 숨을 돌렸다.

태국 치앙마이 구시가지 '트웬티 마 카페' 외부(왼쪽)와 내부.
태국에서 재배한 스페셜티 커피를 파는 감각적인 공간이었다.

태국 치앙마이 님만해민의 '로스터리 랩' 외부.

치앙마이 중심가에서는 일요일마다 선데이 마켓이 열리는데, 메인 도로를 중심으로 골목골목 노점상이 들어선다. 일요일에 치앙마이에 도착한 우리는 본격적으로 선데이 마켓이 시작되기 전 커피가 맛있다고 명성이 자자한 '트웬티 마 카페'Twenty Mar Cafe에서 커피를 마셔보기로 했다. 바리스타가 커피를 내리는 커피 바가 크게 있고 손님은 바를 바라보며 바 맞은 편에 놓인 낮은 테이블에 앉을 수 있는 작은 카페였다. 내부 분위기만은 태국이라기보다 미국이나 호주의 어느 작은 로스터리에 앉아 있는 기분이 드는 그런 곳이었다. 나는 자두, 포도, 건크랜베리, 라즈베리잼, 구운 아몬드, 꽃향이 난다는 내추럴건식 가공의 치앙마이산 커피를 주문했다. 친구는 초콜릿, 홍차, 건자두, 국화향이 나는 워시드습식로 가공한 치앙마이산 커피를 시켰다.

커피 바의 바리스타가 정성을 다해 손으로 내려준 필터 커피를 한 모금

───── 로스터리 랩 소속 바리스타들은 각종 커피 대회에서 수상한 경력이 있어 카페 한 켠에 우승컵을 전시 중이었다.
인상적인 라테 아트(오른쪽).

머금자, 과연 묘사된 그대로의 맛이 났다. 태국산 커피가 이렇게 훌륭할 거라고 생각하지 못해서 놀랐다. 치앙마이에 도착하자마자 처음 찾은 카페가 이 정도라니 앞으로 방문할 다른 카페들이 더욱 기대됐다. 편견을 깬 태국산 커피 맛만큼 바리스타의 실력도 수준급이라 인상 깊은 곳이었다.

다음 날 찾은 곳은 치앙마이 신시가지인 님만해민에 있는 '로스터리 랩'Roast8ry Lab이었다. 이름에서 알 수 있는 본격적인 로스터리 카페이고 바리스타 대회에서 수상 경력이 있는 바리스타들이 일한다고 해서 더욱 기대가 컸다. 손님도 많았다. 외국인 관광객도 있었지만 태국 MZ 세대로 가득한 힙한 카페였다.

메뉴판에는 최고의 커피를 선보이겠다는 열정으로 2011년 설립한 이후, 2022년 라테 아트, 바리스타, 커피 인 굿 스피릿**커피 칵테일 대회**, 브루어스, 로스팅 대회까지 '로스터리 랩' 소속 바리스타들이 5개 대회에 출전해 수상한 경험을 녹여냈다는 설명이 담겨 있었다. 실제로 카페 한 켠에는 태국 국내 커피 대회와 각종 국제 대회에 출전해 받은 우승컵을 전시하고 있었다.

  태국 라테 아트 챔피언이 일하는 곳이라고 해서 따뜻한 라테와 필터 커피를 함께 주문했다. 유니콘이 그려진 라테는 2016년 상하이 챔피언십이라고 적힌 컵에 담겨 나왔다. 필터 커피는 비커에 담아 나왔는데 작은 잔에 따르면 해골 모양이 나타나서 재밌었다. 전 세계 어느 나라든 힙한 카페가 그렇듯 내부 인테리어나 용기 디자인까지도 신경을 많이 썼다는 느낌을 받았다. 커피는 맛있기는 했지만 첫날 맛봤던 커피만큼 감동적인 수준까지는 아니었다.

치앙마이에서 찾은 카페 중 바트 커피Bart coffee도 기억에 남는다. 카페 안 테이블이 2개밖에 없는 아주 작은 동네 카페인데 나뭇잎으로 뒤덮인 시원스러운 외관과 손님들이 남긴 낙서를 보는 재미가 있는 곳이었다. 한국어뿐만 아니라 전 세계 여러 언어로 적힌 낙서를 보면서 뜨거운 한낮에 에어컨 아래 앉아 마시는 아이스 라테는 천국의 맛이었다. 집 앞의 노점을 카페로 확장한 것 같은 느낌의 정겨운 곳으로 커피 맛도 괜찮아서 근처에 산다면 매일 들를 것 같은 동네 맛집이었다.

마지막 날에는 치앙마이 구시가지에서 터줏대감으로 불리는 로스터리 카페 '아카 아마 커피'Akha Ama Coffee를 찾았다. 2010년 설립된 곳으로 치앙마이 내에 여러 개의 지점이 있는데, 우리는 본점인 아카 아마 프라싱Akha Ama

집 앞에 있다면 매일 발도장을 찍었을 것 같은 치앙마이의 동네 카페 '바트 커피' 외부(왼쪽)와 내부.

Phra Singh을 찾았다. 초록이 무성한 입구를 지나자 모던하면서도 따뜻한 느낌의 내부가 나왔다. 어쩐지 서울 성수동 어딘가에 있을 것 같은 편안한 인테리어였다.

　'아카 아마 커피'는 태국 북부의 아카 부족 농민과 협력해 고품질 커피를 직접 생산한 뒤, 가공과 로스팅, 유통까지 하는 스페셜티 커피의 정신을 살린 로스터리이자 사회적 기업이다. 지속 가능한 농업을 지향하며 화학 비료와 농약을 거의 쓰지 않고, 커피만 재배하는 것이 아니라 다른 농작물과 함께 자연스럽게 재배한 커피를 선보이는 것도 특징이다. '아카 아마 커피' 홈페이지에는 커피 생산자가 어떤 커피를 어떤 방식으로 재배하는지 알 수 있도록 소개하는 코너가 있어 신뢰감을 준다. [09]

태국 치앙마이 로스터리 카페 '아카 아마 커피' 외부(왼쪽)와 건축미가 돋보이는 내부.

시그니처 메뉴인 더티 라테와 함께 필터 커피를 주문했다. 내가 느끼기에 필터 커피의 경우 향미가 아주 뛰어나다고 할 수는 없었는데, 앞으로 더 좋아질 수 있는 가능성이 느껴졌다. 우선 태국에서 생산한 커피를 지속가능한 방식으로 소개하는 '아카 아마 커피'의 취지가 좋았다. 햇볕을 받으며 커피를 마시다가, 선물용으로 아카 부족의 얼굴이 그려진 드립백을 여러 개 구입하고 나왔다.

치앙마이는 카페 투어를 하기에 참 좋은 곳이었다. 카페마다 개성이 넘쳤고, 공간은 편안했다. 아직 태국 스페셜티 커피가 세계적으로 인정받고 있는 수준은 아니지만, 앞으로 점점 더 좋아질 거라는 기대가 드는 곳이었다. 치앙마이는 이제 내게 쉼과 커피의 도시다.

7. 중동 커피 중심지, 아랍에미리트 두바이

중동은 커피가 인류의 음료로 확산되는 데 결정적인 기여를 한 곳이다. 커피는 7세기 에티오피아에서 염소를 키우던 목동 칼디Kaldi가 염소들이 붉은 열매를 먹고 밤새 잠을 자지 않고 흥분한 모습을 보고 커피를 맛보면서 발견했다고 알려져 있다. 하지만 커피가 확산된 것은 15세기 예멘의 이슬람 수피신비주의 교도들에 의해서다. 커피는 예멘의 수출항 모카를 중심으로 유행하기 시작했고 이슬람교도들에 의해 점차 북쪽의 메카, 메디나, 카이로, 그리고 동쪽의 페르시아 등 가까운 이슬람 세계 전체로 퍼져나갔다.[10]

17세기에 이르러서야 커피가 유럽에 소개되고 확산된 만큼, 중동은 자부심을 가질 만큼 커피 역사가 깊다. 그런 중동에 2025년 2월 처음 발을 내딛었다. 아랍에미리트UAE 두바이에서 열린 커피 박람회 '월드 오브 커피 두바

아랍에미리트 1 디르함 동전에 새겨진 달라.

아랍에미리트 두바이 힐튼 호텔 로비에 전시된 커피 주전자 달라. 달라는 아랍의 환대와 정체성을 상징한다.

이'를 취재하기 위해서였다. 직접 가보니 현지 사람들은 커피 음용 역사가 깊다는데서 오는 자부심을 바탕으로 중동 물류의 허브라는 이점을 전적으로 활용하고 있어서 무척 인상 깊었다.

우선 주둥이가 긴 금속 커피 주전자 '달라'Dallah는 중동의 역사와 문화를 나타내는 중요한 상징물이었다. 두바이 시내 특급호텔 로비에도 달라와 커피 잔이 일상적으로 전시되어 있고, '월드 오브 커피 두바이'의 스타벅스 부스의 메인 테마도 달라였다. 심지어 UAE의 1 디르함 동전 뒷면에도 달라가 등장한다. 손님에게 커피를 대접하는 것은 유목민 문화인 중동에서 최고의 예의이자 평화의 제스처이기 때문이다. 결국 아랍권에서 달라는 동전에 들어갈 만큼 '아랍의 환대와 정체성'을 상징한다고 할 수 있다.

한 때 커피 문화의 중심지였던 중동은 17세기부터 유럽에 커피 문화의 패

2025년 2월 UAE 두바이에서 열린 '월드 오브 커피 두바이'의 스타벅스 부스. 역시 달라가 정중앙에 자리잡고 있다.

권을 넘겨줬다. 17세기 유럽에서 커피 소비가 늘어나고 커피를 향유하는 문화가 발달한 이후, 지금까지 커피 문화는 서구권에서 다른 지역으로 확산하는 방식으로 이어져 왔다. 중동은 일상에서 커피를 꾸준히 즐겼을지는 몰라도 세계적인 측면에서는 변방으로 여겨졌다. 하지만 두바이를 방문하고 나서 그 생각은 달라졌다. 중동은 오래된 전통의 커피 문화를 바탕으로 스페셜티 커피를 받아들였고, 지금 중동에서는 스페셜티 커피 시장이 폭발적으로 성장하고 있었다.

2022년 스페셜티 커피 협회 SCA와 손잡고 출발한 '월드 오브 커피 두바이'는 2025년 4회차를 맞았다. 그 규모는 매년 거의 배로 성장했다. 첫 해는 전시장 1개 홀로 소박하게 출발했는데, 2025년에 이르러서는 4개 홀이 가득 찼다. 2024년 약 1만 3000명이 '월드 오브 커피 두바이'를 찾았는데, 2025년에는 약 1만 7000명으로 늘어났다. 전시 기업 수는 250여 개에 달했고, 커피 생산자, 바이어 등 방문 기업은 2000개에 가까웠으니 폭발적인 성장세라는 표현이 과언이 아니었다.

현지에서 만난 두바이 커피 업계 사람들에게 물어보니 중동에 '스페셜티 커피 바람'이 부는 이유는 크게 2가지였다. 하나는 술을 금지하는 이슬람 문화권에서 커피는 아침부터 낮, 밤까지 누구나 즐길 수 있는 음료이고(흔히 커피를 '이슬람의 와인'이라고 부른다), 카페는 누구나 갈 수 있는 훌륭한 사교 장소라 커피 산업이 성장할 수밖에 없다고 했다. 또 하나는 중동의 MZ 세대가 스페셜티 커피에 눈을 뜨기 시작했다고 했다. 중동 국가들이 '오일머니'를 바탕으로 커피와 관련된 시설 투자나 교육에 힘쓰고, 고가 스페셜티 커피 수입도 마다하지 않다보니 자연스레 스페셜티 커피 수준도 빠르게 높아지고 있다는 설명이었다.

실제로 '월드 오브 커피 두바이' 박람회를 찾은 방문객 대상으로 부스에서 무작위로 나눠주는 커피 샘플이 보통 수준 이상이어서 인상적이었다. 사우디아라비아의 로스터리 '언타이틀드'Untitled는 모든 부스 방문객에게 에코백과 함께 10개들이 캡슐 커피를 나눠줬다. 받을 때만 해도 별 생각이 들지 않았다. 평소에 캡슐 커피에 대한 기대치가 거의 없었기 때문이었다. 출장을 마치고 한국에 돌아와서야 맛볼 수 있었는데, 순간 흥분하고 말았다. 태어나서 마셔본 캡슐 커피 중 가장 맛있었기 때문이다. 지금까지 나에게 대량 생산된 캡슐 커피는 맛이 없는 게 당연한 존재였다. 맛이 없으니 카페인을 급하게 보충해야 할 때가 아니면 평소에 잘 마시지 않는 커피 종류기도 했다.

그런데 '언타이틀드'의 캡슐 커피는 캡슐에서 추출한 커피라고는 믿을 수 없을 정도로 스페셜티 커피에 기대하는 커피 맛 이상이 느껴져서 깜짝 놀랐다. 그제서야 패키지를 자세히 살펴보니 무려 파나마 볼칸Volcan주 치리키Chiriqui에서 생산된 게이샤 종의 커피를 가공한 것이었다. 이 캡슐 커피가 맛있는 이유가 바로 여기에 있었다. 전 세계에서 가장 비싸게 거래되는 커피 산지의 가장 비싼 커피 품종인 만큼 맛이 없기도 힘들겠다 싶었다. 중동은 스페셜티 커피 산업에 뒤늦게 뛰어들었지만 막대한 자본력을 바탕으로 빠르게 세계를 따라잡고 있었다.

중동의 지리적 이점도 무시할 수 없다. 커피 산지 아프리카와 지리적으로 가까운 데다, 국가 전략으로 두바이를 중동의 물류 허브로 키워왔다는 점이 유리하게 작용했다. 그런 만큼 실제로 두바이에는 커피를 거래하는 거래소, DMCC**두바이 복합 상품 거래소**도 있다. DMCC는 두바이 정부 산하기관으로 금과 은 같은 금속 선물 거래부터 다이아몬드 거래뿐만 아니라 커피와 차 거래까지 다양한 상품을 중개한다.

'월드 오브 커피 두바이' 박람회장에서 모하메드 빈 술레얌 DMCC 의장을 만날 수 있었다. DMCC는 '월드 오브 커피 두바이'와 공식 파트너십을 맺고 있는데, 사실상 술레얌 의장이 '월드 오브 커피 두바이'를 4년 전부터 이끌어왔다. DMCC는 두바이의 지리적 이점을 활용해 글로벌 고객이 두바이에서 비즈니스를 하도록 노력하고 있고, 커피도 DMCC에서 성장하고 있는 거래 상품 중 하나다. 술레얌 의장은 "2022년에 비교적 규모가 작게 출발한 '월드 오브 커피 두바이'가 이렇게 성장해 이제는 생산자와 소비자를 직접 연결하는 커피 옥션까지 하게 되어 감회가 남다르다"고 말했다.

'월드 오브 커피 두바이' 전시장 밖의 두바이 스페셜티 커피 산업도 무척 궁금했다. 전시가 끝난 시각, 스페셜티 커피협회**SCA** 이사회 회장이 주최하는 커핑 행사에 초대받아서 궁금증을 해소할 수 있었다. 2025년 1월 SCA 이사회 회장으로 선출된 가필드 커**Garfield Kerr** 회장이 자신의 두바이 로스터리 카페 '모카 1450'에서 콜롬비아 생산자들을 초대해 그들이 생산한 커피를 소개했다.

커 회장은 자메이카 출신의 금융인으로, 2015년 두바이에 '모카 1450'의 문을 열었다. 그는 "커피가 처음 국제적으로 거래됐다고 알려진 예멘의 항구 모카와 1450년이라는 숫자를 따서 커피 로스터리를 시작했다"며 "자메이카 커피 산업 이사회를 통해 두바이에 처음으로 자메이카 블루마운틴 커피를 수입했다는 자부심이 있다"고 설명했다.[11]

그의 로스터리에서는 커피를 다양한 방식으로 맛볼 수 있도록 알만한 커피 도구를 다 갖추고 있었다. 알고 보니 최근 두바이의 웬만한 카페에서는 원하는 종류의 커피 도구로 커피 추출을 요청할 수 있을 정도로 세심한 서비스를 하고 있다고 했다. 이후 두바이에서 스페셜티 커피 카페 몇 군데를 가보니 실제로 그랬다. 케멕스, 칼리타, 하리오 등 다양한 핸드 드립 추출 기구를 사용한 커피를 주문할 수 있었고, '모카 1450'에서는 심지어 튀르키에 이브릭 커피까지 맛볼 수 있어서 놀라웠다. 또 커피의 향미를 최대한 살리기 위해 와인잔에 커피를 담아 제공했는데, 도쿄 '마미야 카케루'에 이어 대접

두바이 스페셜티 커피 로스터리 '모카 1450'에서 가필드 커 SCA 이사회 회장.

두바이 모카 1450의 '크리스탈 커피'.

받는 느낌이 들어 좋았다.

  커 회장은 2025년의 '월드 오브 커피 두바이'가 고무적인 이유로 중동 지역의 중소규모 스페셜티 커피 로스터리가 참여하는 '로스터 빌리지'의 규모가 직전 해에 비해 2배 성장했다는 점을 꼽았다. 그만큼 스페셜티 커피 산업이 중동에서 매년 빠르게 성장하고 있다는 뜻이고, 뒤늦게 성장한 만큼 빠르게 혁신하고 있다는 뜻이기도 하다. 커 회장은 그런 혁신의 하나로 만든 '크리스탈 커피'를 보여줬다. 특수 저온 추출방법을 활용해 만든 투명한 색깔의 커피다. 맛을 보지는 못했지만 커피의 향미를 그대로 담고 있다고 했다. 커피가 꼭 검은색일 필요는 없다는 발상을 담았다.

  커 회장의 추천으로 방문한 또 다른 스페셜티 커피 로스터리 '로 커피 컴퍼니'Raw Coffee Company는 커다란 벽면 한 쪽에 스페셜티 커피의 가공 과정을

두바이 '로 커피 컴퍼니' 커피 바 모습.
스페셜티 커피의 정신이라고도 할 수 있는 '지역', '윤리', '직거래'를 내세우고 있다.

그림으로 묘사해 둔 점이 흥미로웠다. 카페이면서도 스페셜티 커피협회SCA 교육장이라는 특성이 반영됐다. 이곳은 2007년 뉴질랜드 출신의 킴 톰슨Kim Thompson이 창립한 곳으로 스페셜티 커피가 중동에서 낯설 때 중동에 스페셜티 커피 문화를 소개한 선도적인 로스터리다. 한국에서는 접하지 못한 다양한 추출 도구로 커피를 제공했고, 이 도구를 실제로 판매도 하고 있어서 일부러 찾아가 볼 가치가 있는 곳이다.

두바이를 커피로 바라보고 나서 전통과 혁신은 생각보다 가까이 있다는 생각이 들었다. 중동은 오랜 역사적 전통을 바탕으로 스페셜티 커피를 받아들인 이후 어쩌면 커피 산업 측면에서 전 세계에서 가장 혁신하고 있는 지역일지도 모른다. 다음에 두바이를 또 가게 된다면 어떤 신선한 충격이 기다리고 있을지 무척 기대된다.

3부
·
부산은 커피도시다

1. 민건호, 커피를 대접받다 - 한국인 최초의 커피 음용 기록

> 27일. 맑음.
> 오후에 보슬비가 왔다. 해관에 나갔다.
> 오시午時 정각에 윤정식尹定植 집을 방문했다.
> 조금 있다가 당소의唐紹儀가 해관에서 왔다.
> 갑비차甲斐茶, 일본 우유, 흰 설탕 큰 종지로 하나와
> 궐련卷煙 1개를 대접받았다. 미시未時에 해관에 돌아와서 업무를 보았다.
> 여위余緯가 궐련 1개를 보냈다.
> 노부魯富가 궐련 1개를 보냈다.
>
> – 민건호의 <해은일록> 국역본 중

부산 중구 중앙동해관로 카페 '바우노바' 2층에서 커피를 마시며 길 아래를 내다본다. 바다가 보이지는 않지만 바다가 지척인 만큼, 공기에 수분감이 느껴진다. 작고 소박한 카페지만 바우노바의 커피 맛은 결코 소박하지 않다.

이곳은 141년 전 민건호의 일터, 부산해관현 **부산세관**이 있던 곳이다. 민건호는 조선 후기 부산해관을 감독하던 감리서에서 서기로 일했다. 부산해관이 선박의 입출항, 화물, 수입품에 대한 관리 감독 역할을 했다면, 감리서는 내·외국인의 관리와 통상, 사법경찰 업무를 보던 곳이다.

민건호는 1884년 7월 27일음력 한국인으로서는 처음으로 커피를 마셨다는 기록을 남겼다.[12] 보슬비가 내리던 여름날 민건호는 윤정식의 집을 찾아

갔다가 커피를 대접받았다. 한자로는 커피를 '가배'咖啡라고 쓴다고 널리 알려져 있지만, 실은 한자 음차인 만큼 커피를 가비加非, 가배珈琲, 갑비甲斐 등으로 다양하게 표기했다.

이날 일을 민건호가 묘사하는 방식으로 봐서 당시 커피는 '대접받는' 귀한 음료이긴 했지만, 커피를 마신다는 행위 자체가 처음 있는 일은 아니라는 점을 알 수 있다. 블랙커피보다는 우유와 설탕을 넣어 카페오레 방식으로 마셨다는 점도 흥미롭다.

한국의 커피 역사에 있어 1884년은 의미심장한 해다. 이 무렵부터 한국에서 커피에 관한 기록이 심심찮게 등장하기 때문이다. 한국 최초의 근대신문 〈한성순보〉 1884년 2월 17일 자에는 물류의 발달로 서양 여러 나라의 물품과 사람의 왕래가 활발하다는 내용의 기사가 실렸다.

"사우스캐롤라이나와 조지아의 면화와 서인도제도의 가배 및 연초와 루이지애나의 사탕과 미시시피 연안 여러 주의 곡물 및 축산과 프랑스의 견백과 영국의 면포, 도기, 철기는 이 모두가 혼자만 부유하고 혼자만 모자라는 것이다. 이상의 여러 나라가 만일 운수의 편리함이 없으면…"

적어도 한성순보를 읽을 정도의 지식인이라면 커피가 무엇인지 정도는 알았을 것으로 추정된다. 같은 해 5월 25일 자 한성순보에는 '북미합중국의 외국무역연보'가 실렸는데, 미국의 주요 수입 물품 중 '가배珈琲 4205만 513불'이 눈에 띈다. 같은 해 9월 10일 자에서는 유럽인의 식생활을 소개하면서 커피를 '가비'加非로 표기했다.[13]

여러 이유로 조선을 찾은 외국인의 커피에 관한 기록도 1884년을 기점으로 늘어난다. 조선 최초의 외교 사절단 보빙사단장 민영익의 미국 안내 역할을 맡았던 퍼시픽 로웰의 조선 탐방기 〈조선, 조용한 아침의 나라〉(하버드대학 출판부)를 보면 알 수 있다. 로웰은 고종의 초대로 1883년 12월부터 3개월간 조선을 둘러봤다.

로웰은 이 책에서 1884년 1월 경기도 관찰사 김홍집의 초청으로 서대문 밖 한강변 언덕에 있는 관찰사의 별장을 방문했고, 이곳에서 커피를 마셨다고 썼다. 로웰은 "우리는 '잠자는 물결'이라는 뜻을 가진 집에 올라가서 당시 최신상인 커피를 저녁 후식으로 마셨다"고 기록했다.[14] 이는 외국인이 한국에서 커피를 마셨다고 남긴 최초의 기록으로 알려져 있다.

조선 주재 영국 부영사 윌리엄 칼스도 조선에서 커피를 마셨다. 칼스는 자신의 저서 〈라이프 인 코리아〉**1888**에서 1884년 4월, 조선왕실의 고문이자 해관 책임자인 독일인 뮐렌도르프의 한양 집에 초대받아 "감사하게도 목욕을 하고 따뜻한 커피를 마시는 호사를 누렸다"고 썼다.[15]

미국인 외교관 조지 포크도 같은 해 부산에서 커피를 마신 기록을 남겼다. 1884년 11월 29일의 일기다. 포크는 김해를 거쳐 부산 초량 왜관에 도착했다는 내용을 쓰면서 커피를 너무 많이 마셔서 밤새 깨어 있었다고 기록했다.

"나는 크렙스(뮐렌도르프와 함께 조선에 온 전 약제사,
부산해관 보조원)에게 가서 저녁을 먹었다. 무척 훌륭한 식사였다.
숙소에 11시에 돌아왔다.
커피를 너무 많이 마셔서 밤새 깨어 있었다."[16]

흔히 한국에서 가장 먼저 커피를 마신 인물은 고종으로 알려져 있다. 고종이 아관파천(을미사변 후 고종과 세자가 러시아 제국 공사관으로 피신한 사건, 1896년 2월 11일~1897년 2월 25일)을 계기로 러시아 공사관에서 한국인으로서는 처음 커피를 맛보고 커피 애호가가 됐다는 이야기다. 하지만 고종이 최초로 커피를 마신 한국인일 가능성은 높지 않다. 그때만 해도 왕이 음식을 먹기 전에 음식에 이상이 없는지 확인하는 기미 관습이 남아 있었다. 최소 고종보다 먼저 커피를 맛본 신하가 존재한다는 뜻이다.

왕의 하루하루를 자세히 기록한 〈조선왕조실록〉에도 커피는 1898년에야 등장한다. 1989년 9월 11일 고종과 세자 독살 미수 사건이 커피에 관한 첫 기록이다. 이른바 김홍륙 독차사건이다. 러시아어 통역관으로 관직에 오른 김홍륙이 러시아를 등에 업고 사리사욕을 취하다 흑산도 유배형을 받았다. 김홍륙은 이에 앙심을 품고, 궁중 요리사 김종화를 시켜 고종이 평소 마시는 커피 찻주전자에 아편을 넣어 독살하려 했다. 하지만 고종은 냄새가 이상하다며 커피를 마시지 않았고, 훗날 순조가 되는 세자는 이 커피를 마셨다 토하고 쓰러졌다는 내용이 고종실록에 나온다.

민건호의 〈해은일록〉이 한국인이 남긴 최초의 커피 음용 기록이라는 사실은 이성훈 부산학당 대표가 발견했다. 이 대표는 외항선을 타면서 젊은 시절부터 전 세계를 돌아다녔고, 커피의 매력에 푹 빠졌다. 외항선 선장으로 은퇴 후 부산 보수동 책방골목 2층에 자리 잡은 조그만 작업실에서 부산 커피 향토사에 대해 조사하던 중 〈해은일록〉의 커피 음용 기록을 찾아냈다.

전문 연구자가 아닌 부산 향토사에 관심이 많은 커피 애호가가 이 기록을 찾았다는 점이 눈길을 끈다. 이 대표는 두 가지 이유로 이 사실이 알려지지 않았을 거라고 추정했다. 한자로 기록된 〈해은일록〉은 2007년부터 2012년까지 번역자가 바뀌어가며 6차에 걸쳐서 국역본으로 출판됐다. 총 5252 페이지, 29권의 방대한 기록인 만큼 갑비·갑배차가 커피라는 사실을 발견하기는 쉽지 않았을 거라는 생각이다. 또 〈해은일록〉이 조선 후기 생활상을 잘 보여주기는 하지만, 커피는 연구자들의 큰 관심사가 아니었을 수 있다.

〈해은일록〉에 커피는 지금까지 알려지기로 총 8차례 등장한다.[17] 1884년 7월 첫 기록에 이어 그해 12월 8일 커피가 또 나온다. "오시**午時**에 양자형을 찾아갔다가 갑비차**甲斐茶** 한 잔과 삶은 밤 3개를 먹었다." 세 번째 커피 음용 기록은 같은 시각, 같은 사람의 집에서 커피를 마셨다는 내용이다. "오시 정각에 양자형의 집을 방문하여 갑비차 한 잔을 마셨다."(1884년 12월 23일)

오시가 오전 11시부터 오후 1시 사이를 뜻한다는 점을 감안하면 민건호는 요즘 사람들처럼 점심을 먹은 뒤 커피를 마셨을 것이다. 1885년 기록에도 민건호는 오시에 커피를 마셨다. 그해 7월 12일 "오시에 박토목이 그의 집에 가기를 요청해서 함께 갔는데, 점심 요리를 매우 성대하게 대접받았다… 7차는 갑비차와 일본 우유, 8차는 영국 담배와 일본 담배가 나왔다."고 기록했다. 1차 술 한 잔, 2차 술과 생선 찐 것 한 그릇 등 술안주, 식사, 과일과 후식을 차례로 먹고 커피로 마무리했다.

다섯 번째 커피 기록은 앞과 다르게 커피를 '갑비'**甲非**로 표현했다. 1890년 12월 8일에는 "인천항으로 회항했던 삭선 비후환이 새벽에 부산항에 입항했다. 그 편에… 사동 엄판서 답서와 갑비 3갑, 정방판 답서와 갑비 2갑…"이라고 기록했다.

여섯 번째부터 여덟 번째 커피 기록은 전부 커피를 누군가에게 선물로 받았거나 줬다는 내용이다. "주사 장재두가 경찰 및 일인**日人** 송미와 소륜**小輪**인 확내환**確內丸**을 타고 항원 마포에 밀양 정총무대인을 만나 뵙기 위해 갔다. 총무대인께 답서를 써서 부쳤다. 또 인주 1합, 갑비다**甲斐茶** 2갑으로 마음을 표시해서 보냈다."(1890년 12월 15일)

2년 뒤인 1892년의 기록에도 커피는 선물로 등장한다. "김판부사**김홍집** 댁에 연죽 5단, 설고**일본 카스테라** 2원어치, 영국 담배 1갑이다… 호판**호조판서** 박정양 댁에 연죽 1단, 갑배차**甲琲茶** 2갑, 청어 3급이다."(1892년 12월 14일)

이날로 딱 이틀 뒤인 1892년 12월 16일 역시 민건호는 커피를 선물로 보낸다. "본진의 서리 박형우가 와 뵈었다. 그 편에 순영에 보내는 상서, 백동 수저 1단, 설고 2원 어치, 영국 담배 1갑, 명란 1항아리를 부쳤다. 호소에 양주 3병, 커피**甲琲茶** 1갑, 영국 담배 1갑을 부쳤다."

민건호의 선물 리스트를 보면 당시 커피의 위상이 어느 정도인지 알 수 있다. 당시 커피는 양주나 영국 담배, 카스테라 같은 수입품과 어깨를 나란

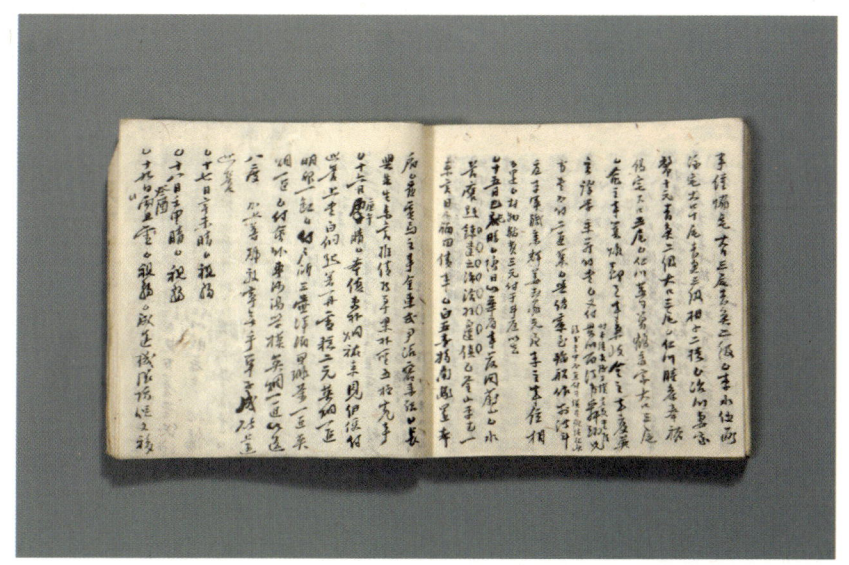

'갑배차'가 등장하는 1892년 12월 16일 〈해은일록〉 원본. ⓒ부산박물관

히 하는 귀한 물건이었다.

　〈해은일록〉의 국역본 번역자는 유일하게 1892년의 '갑배차'만 명확히 커피로 번역했다. 그래서 이 기록이 〈해은일록〉에 등장하는 첫 커피 기록으로 잘못 알려졌다. 커피와 부산 향토사를 연관 지은 이성훈 부산학당 대표가 없었다면, 민건호가 한국인 중 가장 처음 커피 음용 기록을 남겼다는 사실은 아마 세상에 알려지지 않았을 것이다.

2. 1950년대, 커피는 이미 일상이었다 – 다방 커피 가격 논쟁부터 독살 사건까지

커피 판매 가격은 지금도 물가를 알 수 있는 바로미터다. 한국에서는 저가 커피 프랜차이즈 아이스 아메리카노 커피 한 잔이 2025년 기준으로 1500원에서 2500원 사이에 형성되어 있다. 스타벅스 같은 글로벌 커피 프랜차이즈의 아메리카노 가격 인상 소식이 뉴스가 되는 것을 보면 커피는 이미 한국인의 일상과 뗄 수 없는 필수품이 됐다.

1950년대 신문 기사를 살펴보면 그때도 지금과 크게 다르지 않았다는 사실을 알 수 있다. 그때도 다방에서 파는 커피 가격이 인상되었다는 소식은 신문 지면을 장식했고, 틈틈이 커피에 독을 탄 독살 사건이 사회면에 실리기도 했다.

〈부산일보〉 지면보기 epaper.busan.com 온라인 페이지에서 커피를 키워드로 검색해보면 1만 건에 가까운 기사가 나온다. 현재 〈부산일보〉의 모태가 된 한국어 신문 〈부산일보〉의 첫 발행일은 1946년 9월 10일이다. 커피가 등장하는 부산일보의 첫 기사는 1년 남짓 지난 1948년 4월 5일에 등장한다. '怪(괴)! 變死(변사) 毒殺(독살)?'이라는 제목의 기사다.

마산 총국 지금의 창원지사에서 작성한 기사로, 동성동에 사는 식량 배급소 주임인 김상기(55) 씨가 문상을 마치고 집으로 돌아와 부인 이영매(40) 씨가 가져온 '코-피' 한 잔을 마시고 즉사했다는 내용이다. 다음 날 이 사실을 알게 된 제12 마산경찰서에서 검찰에 연락, 검찰관 입회 아래 김상기 씨의 시체를 마산도립병원에서 부검한 결과 맹렬한 부식이 확인돼 변사한 사실이 확인됐다. 경찰은 부인 이 씨가 남편이 11년 동안 후처를 둔 것에 불만을 품고 독살한 것으로 보고 조사 중이라는 기사다.

기시감이 들지 않는가. 커피 독살 사건은 최근에도 발생했다. 2024년 7월 경북 봉화 한 경로당에서 커피를 마신 할머니들이 집단으로 쓰러진 사건이다. 유력한 용의자인 A(85) 씨가 사건 발생 나흘 후 음독으로 숨진 바람에 수사는 공소권 없음으로 종결됐다. 하지만 조사 결과 A씨는 경로당 간부로 함께 커피를 마신 할머니 4명과 언쟁을 벌이는 등 사이가 좋지 않았던 것으로 확인됐다. 복날에 다 같이 식당에서 오리고기를 먹고 경로당으로 돌아와 A 씨가 탄 살충제 든 커피를 먹고 할머니 3명이 숨지고 1명은 중상을 입었다.

시대가 다른 두 사건 기사를 비교해보면 그만큼 커피가 일상 속 음료이고, 누군가 건넸을 때 마셔도 이상하지 않은 생활의 한 부분이라는 사실을 알 수 있다. 두 사건의 음료는 맥주도 보리차도 아니고 커피였다는 점이 많은 점을 시사해준다.

1950년대 커피 기사는 주로 다방 커피 가격을 다루고 있다. 1950년대 들어 다방은 사회적 공간으로 자리 잡았고, 그만큼 많은 이들의 관심사였다. 이 때문에 다방에서 파는 커피 가격은 정부의 통제 대상이기도 했다.

1955년 12월 2일 '커피 한 잔 68환 50전, 1일부터 국채 첨가로'라는 제목의 단신 기사는 "부산 시내 다방업자들은 작**어제** 1일을 기하여 차 한 잔에 국채 20환을 첨가하여 68환 50전을 받고 있다. 개정된 찻값 내용을 보면 ▲커피, 밀크, 홍차(찻값 35환 특별행위세 10환 유흥음식세 3환 50전 국채 20환) 68환 50전 ▲밀크커피, 레몬티이, 코코아는 각각 118환이다"라고 소개한다.

1956년 10월 12일 자 〈부산일보〉에는 '커피 대신 보리차를'이라는 제목으로 내무부에서 각 시도에 공문을 발송, "오는 15일부터 경비절약과 국산애

용의 견지에서 종래 내빈용으로 사용하던 「커-피」 등을 「보리」차로 대용하라고 지시하였다"는 기사가 실렸다. 손님에게 커피를 내줄 만큼 커피가 일상을 파고들기는 했지만, 커피는 역시 외래문화고 비용도 싸지 않은 만큼 커피를 대신해 보리차를 애용하라는 지시다. 커피는 기호품이자 통제 대상이었다.

1957년이 되면 커피뿐만 아니라 다방 음료 가격을 통제하던 정부가 '찻값 관허제'를 폐지한다. 1957년 12월 22일 〈부산일보〉에는 "찻값 관허제가 폐지되자 '커피'와 홍차 한 잔에 80환씩 종전 가격대로 받고 어떤 다방에서는 한 잔 100환씩을 받고 있다. 이러다간 특별 장치를 해놓고 한 잔에 400~500환씩 받는 다방이 반드시 나타날 것 같다"는 걱정 어린 세평이 실렸다.

모두가 걱정한 커피 가격은 약 1년 뒤 더 오른다. 1958년 10월 28일 자 〈부산일보〉를 보면 커피 값이 껑충 뛰어 150환에 달한다는 기사가 나온다. "각 다방에서는 일제히 '커피' 값을 15환 올려 한 잔에 150환씩 받게 되었다. 약 1년 전 관허요금제가 폐지되므로 해서 100환으로 올랐던 것이 이번 또 다시 150% 인상되어 150환으로 된 것이다. 이상과 같이 값을 인상한 업자들은 이구동성으로 지난 1일부터 '파운트'당 20환하던 '커피' 원료가 요즈음에 와서는 3700환선을 상회하고 그 위에 시장 출회가 거의 품절 상태에 있어 부득이 올린 것이라고 해명하고 있다."

1958년 기사지만 또 기시감이 든다. 농작물이고 수입품인 커피 특성상 기후 변화나 물류 영향으로 커피 값은 언제든지 요동친다. 2025년의 대한민국 커피업계도 날로 오르는 커피 수입 가격에 커피 값을 인상하거나 버티기에 나서고 있기 때문이다. 실제로 뉴욕 커피 지수라고 흔히 불리는 미국 커피 C 선물 가격은 2025년 2월 초 역대 최고치인 1파운드당 440.85센트를 기록했다. 원재료 가격이 역대 최고를 기록한 만큼 소비자 가격은 당연히 요동치고 있다. 역사는 반복된다. 100년 뒤 신문에도 커피 값 인상 소식이나 커피 값에 불만인 세평 기사가 나올 확률이 높다.

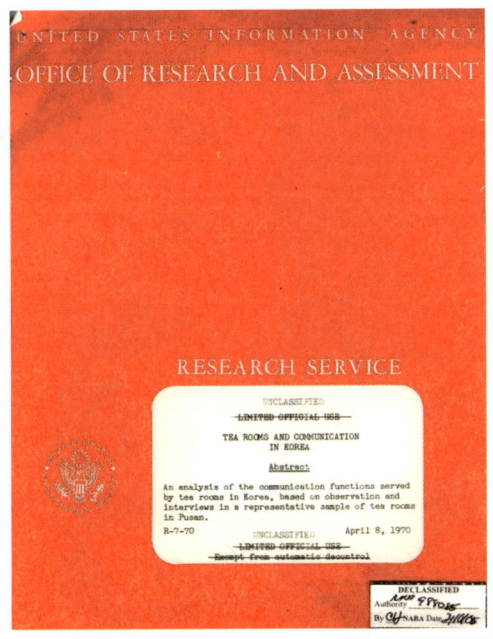

미국 공보처가 발간한
'Tea rooms and communication in Korea' 보고서 표지.

3. 미국이 주목한 부산 다방, 1970년 미국 공보처 보고서

한국인에게 카페는 이제 더 이상 삶에서 빼놓을 수 없는 필수 공간이 되었다. 사람을 만나는 장소이자 공부하는 장소, 회의하는 장소까지 현대인에게 카페는 집의 연장선상이다. 1960~1990년대 한국에서는 다방이 그런 역할을 했다. 커피와 차를 마시면서 의견을 교환하는 곳, 사회적 논의가 이뤄지는 곳이기도 했다.

1968년 미국 공보처United States Information Agency·USIA·미 정보국는 한국에서 다

방이 사회적 공간이라는 점을 증명하기 위해서 부산의 다방을 전수 조사하고 1970년 4월 1일 자로 보고서를 냈다. '한국의 다방과 커뮤니케이션Tea rooms and communications in Korea이라는 제목의 보고서다. 기밀 문서였다가 시간이 흘러 기밀이 해제되면서 보고서의 존재가 밝혀졌다.

무엇보다 미국이 다방 조사 대상 지역을 수도인 서울이 아닌 부산으로 삼았다는 점이 흥미롭다. 이에 대해 부산 지역 독립연구자인 김만석 작가는 "부산은 한국의 제2의 도시라는 도시 특성이 있는 데다, 다방 숫자가 훨씬 많은 서울보다 부산의 다방을 전수 조사하는 것이 훨씬 나아서 부산을 선택했을 것으로 추정한다"고 설명했다.

또 미국이 부산의 다방을 주목한 데는, 한국전쟁을 거치면서 임시수도였던 부산의 다방이 문화 예술의 중심지로 큰 역할을 했다는 점도 한몫했을 것으로 풀이된다. 보고서는 한국의 다방이 '(정치적) 의견 교환의 장소'로서의 역할을 한다고 결론 내렸는데 1950년대부터 다방은 사람들이 모이고 의견을 나누고, 예술을 향유하는 장소로서 기능했다.

12쪽짜리 보고서를 살펴보면 1968년 1월, 3주에 걸쳐 부산에 있는 다방 554개를 방문해 예비 조사했다. 예비 조사 결과 1968년 당시 부산의 다방 554개 중 절반은 당시 부산을 대표하는 번화가였던 중구에 있었고, 거주지가 주로 분포한 동구14%와 서구13%, 경공업지구와 거주지가 혼재한 부산진구 13%, 중공업지구인 영도구5%, 경공업지구 동래구4% 순으로 많았다.

면밀한 예비 조사를 통해 부산을 대표할 만한 다방 78개를 선정했다. 다방 현장 조사는 부산 지역 대학생으로 구성된 부산학생연구회Student research club of Pusan, an organization of university students와 협력해 이뤄졌다. 이들은 미국 공보처와 함께 부산 주요 다방 78곳에서 일하는 '마담'매니저 78명, '레지'웨이트리스 130명의 나이, 학력, 혼인여부, 출신지부터 다방을 찾은 손님 309명의 나이, 성별, 직업, 교육 수준을 대면 인터뷰를 통해 분석했다.

표 1. 나이, 성별, 직업, 교육 수준에 따른 다방 출입자들의 성격[18]

(총 조사자 309명) %

나이	
20세 이하	2
21-30세	32
31-40세	38
41-50세	24
50세 이상	4

성별	
남성	88
여성	12

직업	
사업(상업과 산업 종사자)	57
교사와 공무원	10
대학생	9
미용사, 의·약사, 교수, 정치인	5
예술가, 신문기자, 라디오 아나운서	4
군인, 선원, 군수업자	4
주부	1
무직자	9
무응답	1

교육수준	
초등	3
중등	10
고등	30
대학(College)	53
무응답	4

표 2. 다방 출입자(손님)의 방문 목적

(총 조사자 309명) %

다방 방문의 목적	
사업	45
여가와 휴식	38
시간 때우기	10
차와 커피를 마시기	4
무응답	10

중복대답을 허용(총 105%)

부산 다방 조사 결과를 분석해보면 다방을 찾는 손님의 대부분 **88%**이 남성이었고, 손님의 대다수 **96%**가 50세 이하였다. 이들 중 57%가 사업에 종사했으며, 고졸자가 30%, 대졸자가 53%로 당시 부산 다방의 주요 손님은 청장년층 고학력 남성이었다고 풀이할 수 있다.

20대 중반부터 30대 중반 **69%**의 마담이 운영하는 다방에서 일하는 종업원 레지는 20대 **89%**가 대부분이었다. 특히 레지는 21~25세 사이의 20대 초반이 67%로 이보다 더 어린 20세 이하도 11%를 차지할 정도로 주로 미혼 여성 **96%** 이었다. 마담과 레지 모두 최종 학력이 고등학교 졸업이 50% 가까이 차지하는 것으로 미뤄 다방 종사자들은 당시 평균적인 교육을 받은 사람들이 일하는 곳이었다고 볼 수 있다.

표 3. 다방 업주와 종사자의 특성

(총 조사자 208명) %

구분	마담 managers 총 78명	레지 waitresses 총 130명
나이		
20세 이하	0	11
21-25세	9	67
26-30세	25	21
31-35세	44	1
36-40세	15	0
40세 이상	7	0
혼인여부		
미혼	21	96
기혼	47	2
이혼	19	2
미망인	10	0
무응답	3	0
교육수준		
초등(과 이하)	15	12
중등	29	36
고등	47	45
대학	9	7
출신지		
부산	25	15
서울	14	22
일본, 북한, 만주, 홍콩	16	1
한국의 지방	45	62

출처=김만석, 국민화와 비국민화의 장치로서 항구, 다방, 수용소
<로컬리티 인문학 2014년 4월호>(부산대학교 한국민족문화연구소)

미국 공보처는 부산 다방 심층 조사 결과 한국의 다방을 영국의 펍이나 오스트리아 제국의 커피 하우스 같은 역할을 한다고 묘사했다. 당시 한국인들에게 다방이 단순히 커피나 차를 마시는 공간이 아니라 사람들이 모여 의견을 나누고 정보를 공유하는 공적인 장소라는 점을 증명해냈다.

보고서는 미 공보처USIA의 해외 조직인 미 공보원USIS이 미국 문화를 소개하는 프로그램을 운영할 때 한국의 다방을 활용하면 좋을 것 같다고 제안한다. 마치 2020년대 현대 한국에서 카페가 공적이면서 사적인 공간으로 기능하는 것처럼 1960~1970년대 미국의 눈에도 한국의 다방이 그렇게 보였던 것이다.

4. 한국 최초의 커피 프랜차이즈, 1982년 가비방

커피 프랜차이즈 시대다. 스타벅스, 커피빈 같은 해외 커피 브랜드뿐만 아니라 엔제리너스 같은 한국 대기업이 운영하는 프랜차이즈, 부산에서 출발해 이제는 해외 자본이 소유한 컴포즈커피까지 대한민국 웬만한 거리에서 한 집 건너 한 집일 정도로 수많은 커피 프랜차이즈 전문점을 만날 수 있다.

이제는 익숙해진 커피 프랜차이즈 전문점의 시작이 부산이었다는 사실을 아는 사람은 많지 않다. 1982년, 다방이 더 많았던 시절 부산대학교 앞에 들어선 '가비방'은 대한민국 1호 커피 프랜차이즈 전문점이었다.[19]

다방이 더 익숙했던 1980년대, '가비방'은 다방 대신 사람들에게 '커피숍'이라는 개념을 처음 알린 곳이기도 하다. 마담과 레지가 인스턴트 커피를 타서 주는 곳이 아니라 커피 전문가가 직접 내리는 '원두 커피' **드립 커피**를 맛볼 수 있는 곳이었기 때문이다.

부산은 지리적으로 일본과 가까웠던 만큼 새로운 외래문화가 빨리 들어오는 도시였고, 유행도 빨랐다. 커피 역시 마찬가지로 한국 최초의 커피 프랜차이즈 전문점 '가비방'은 1990년대까지 부산에서만 47호점을 낼 정도로 대유행했고, 부산에서 1984년 출발한 '마리포사'는 서울 이화여대 앞에 지점을 낼 정도였다.

'가비방'의 창립자 중 한 명인 정동웅 **부산 경양식 레스토랑 '가미' 대표** 씨는 서울의 한 호텔 식당에서 주방 일을 하다 1978년 국비 유학을 통해 유럽과 일본에

부산 사하구 하단동 동아대 앞 '가비방' 2호점에서 정동웅 씨가 일하는 모습. 산지별 원두부터 모카포트를 갖추고 있는 점이 눈에 띈다. ⓒ정동웅

서 커피 문화를 배워왔다. 정 씨는 1977년 유나이티드 커피 연구소를 설립하고 커피 전문 서적을 다수 출판한 일본 유명 커피 연구가인 가라사와 가즈오 柄沢 和雄·1936~2016 선생의 '커피 마스터 코스'를 수료했다. 이후 1982년 일본 커피 브랜드 UCC 지점을 부산 중앙동에서 운영하는가 하면, 같은 해 후배와 함께 '가비방'을 열었다.

요즘 스페셜티 커피 전문점이 그렇듯 '가비방'은 산지별 커피를 소개했다는 점에서 앞서 나갔다. 요일별로 콜롬비아, 브라질 등 산지별 커피를 선보이고 토요일은 '스페셜'이라는 이름으로 재고 정리 차원에서 남은 커피를 저렴하게 팔았다. 일종의 '오늘의 커피' 개념을 도입했던 셈이다.

'가비방'은 1호점 부산대점을 시작으로 2호점 동아대점 등 대학가와 번화가를 중심으로 확장했고 1990년대까지 부산에서 커피숍 하면 떠오르는 대명사가 됐다. '가비방'이 생긴 지 2년 뒤, 정 씨는 잠시 '가비방'을 잠시 떠나 부산의 번화가 서면 1번가에 들어선 '마리포사 커피숍'[20] 운영에 관여하기도 했다. '마리포사'는 당시 고급 커피숍의 대명사로 자리 잡았는데, 서면 본점 건물 전체가 '마리포사'로 불리며 1~2층은 커피, 3~4층은 경양식을 판매하는 등 층이 나뉘어져 있었다. 휴대전화가 없던 시절 부산 젊은이들이 만나는 약속 장소 1순위였다고 한다.

1984년 부산 서면 1번가에 들어선 커피숍 '마리포사'의 메뉴판. 당시 기준으로 고가의 커피 값에도 큰 인기를 누렸다. '마리포사 프랜차이즈 체인'이라고 표기한 점도 눈에 띈다. ⓒ정동웅

정 씨는 "'마리포사' 부산 매장에서 일하는 직원만 100명이 넘었다"면서 "당시 손님이 화장실을 쓰고 나면 곧바로 들어가서 청소하는 화장실 담당자가 따로 있을 정도였다"고 설명했다. 호텔에서 커리어를 시작한 정 씨답게 '마리포사'에도 호텔식 접대 개념을 도입한 셈이다. '마리포사'는 1980년대 부산에서의 성공을 발판 삼아 서울 이대 앞에 2호점을 내기도 했다. 이외에도 부산 중구 유나백화점 앞에 또 다른 '마리포사' 지점이 있었다.

'가비방'과 '마리포사'는 다방 일색이었던 커피 문화에 커피숍이라는 새로운 개념을 도입한 커피 프랜차이즈 전문점으로서 대한민국 커피 역사에 한 페이지를 장식했다.

5. 부산은 커피도시다 - 부산 월드 커피 챔피언 3인방

2019년 미국 보스턴에서 열린 '월드 바리스타 챔피언십'**World Barista Championship·WBC** 우승자로 한국인의 이름이 불렸다. 부산 모모스커피의 전주연 바리스타다. 전주연 바리스타는 아시아 여성 최초로 커피 업계의 월드컵이라 불리는 '월드 바리스타 챔피언십' 우승컵을 들어 올리면서 커피업계에 아시아 바람을 불러 일으켰다.

'월드 바리스타 챔피언십'은 스페셜티 커피 협회**SCA**가 주관하는 7개의 커피 대회 중에서도 바리스타의 커피 철학과 퍼포먼스를 종합적으로 평가한다는 점에서 커피업계의 관심이 가장 큰 대회다. 월드컵이라면 결승전, 올림픽이라면 마라톤 같은 존재다. 15분 동안 심사위원 앞에서 에스프레소, 우유 음료, 창작 음료를 만들어 선보이는데, 심사위원이 커피 맛과 퍼포먼스, 설명을 종합적으로 평가해 우승자를 가린다.

스페셜티 커피가 먼저 유행하기 시작한 유럽 출신 바리스타가 우승하는 것이 일상이었던 대회에서 뒤늦게 스페셜티 커피를 받아들인 한국, 그것도 제2의 도시 부산 출신의 바리스타가 우승했으니 전주연 바리스타에게 쏠리는 관심은 당연했다. 한국에서 '월드 바리스타 챔피언십'은 한국 커피 프랜차이즈 전문점의 이름이기도 한 폴 바셋 바리스타가 2003년 우승한 대회로 잘 알려져 있다.

2000년 노르웨이의 로버트 토레센**Robert Thoresen** 바리스타가 첫 우승을 차지한 이후, 2024년까지 여성 우승자는 전주연 바리스타를 포함해 2명에 불과하다. 또 2010년까지 우승자는 유럽과 미국, 호주에서만 나왔는데 2011년부터 커피 산지인 엘살바도르, 과테말라에서 우승자가 탄생했다. 아시아 최초 우승자는 2014년 일본 마루야마 커피의 이자키 히데노리井崎英典 바리스타였다.

전주연 바리스타의 우승은 특히 서울이 아닌 부산의 로스터리 카페 출신이라는 점에서 더욱 화제를 모았다. 모모스커피는 2007년 부산 동래구 온천장 식당 한 켠에 4평 테이크아웃 커피 전문점으로 출발한 이후, 2019년 당시만 해도 온천장 본점만 있는 작은 로스터리였기 때문이다. 지금은 부산 영도, 마린시티, 도모헌옛 부산시장 관사까지 4개의 지점을 운영하는 커피 기업이자, 부산 하면 떠오르는 기업이 됐지만, 당시의 모모스커피는 한국의 수많은 로스터리 카페 중 하나였다.

2000년대 미국과 유럽에서 시작된 스페셜티 커피 바람을 타고 한국에도 스페셜티 커피 개념이 알려지기 시작했다. 모모스커피는 스페셜티 커피를 취급하는 기업으로서 2010년대 들어 남미와 중미, 아프리카의 커피 산지를 직접 찾아 직거래를 시작했다. 모모스커피가 직수입한 생두는 부산뿐만 아니라 전국에 도소매로 팔려 나갔다. 모모스커피의 창립자인 이현기 대표는 "2009년 미국 애틀랜타에서 열린 스페셜티 커피 박람회에서 맛본 커피에 충격을 받고 지금까지 내가 판매해 왔던 커피는 커피가 아니라는 생각이 들었다. 한국에 돌아가면 당장 스페셜티 커피를 시작해야겠다고 생각했다"며 "이후 다이렉트 트레이드를 시작했고, 모모스커피의 여러 바리스타가 도전했지만 최종적으로 전주연 바리스타가 '월드 바리스타 챔피언십'에 우승하기까지 이르렀다"고 회고했다.

모모스커피는 전주연 바리스타의 우승 이후 2021년 호주 캔버라에 있는 오나ONA 커피 소속으로 '월드 컵 테이스터스 챔피언십'World Cup Tasters

모모스커피 영도 로스터리& 커피바에서 전주연(오른쪽)·추경하 바리스타가 커피를 내리고 있다. ⓒ부산일보

Championship·WCTC에서 우승한 추경하 바리스타를 2022년 전격 영입했다. 부산 출신인 추경하 바리스타는 호주 대표로서 WCTC 대회에서 우승했지만, 이제는 모모스커피에서 전주연 바리스타와 함께 '부산 커피'를 알리는 데 힘쓰고 있다. 두 사람은 이후 부부의 연을 맺었다.

'월드 컵 테이스터스 챔피언십'은 종합적인 맛과 퍼포먼스로 우승자를 가리는 '월드 바리스타 챔피언십'과 달리 커피 맛을 얼마나 정확히 분별해 내느냐가 관건인 대회다. '절대 미각'이 필요한 대회라고 할 수 있다.

영어로 발표해야 하고 에스프레소 머신을 제외한 커피 도구를 직접 준비해야 하는 바리스타 챔피언십과 달리 커피 맛을 볼 수 있는 커피 스푼 1개만 있으면 참가할 수 있는 대회라 장벽은 낮다. 하지만 비슷한 커피의 향미를 오로지 코와 혀로만 구분해 내야 하고 심사위원의 주관이 개입되지 않는다는 점에서 커피의 본질에 가장 가까운 대회라고도 할 수 있다. 3잔으로 구성된 커피 1세트 중 맛이 다른 1잔을 가려내야 하는데, 총 8세트 24잔의 커피를 맛보고 빠른 시간 안에 정답을 맞춰야 한다.

추경하 바리스타에 이어 2022년 먼스커피 문헌관 바리스타가 이탈리아 밀라노에서 열린 WCTC 대회에서 한국 대표로서는 최초로 우승을 차지했다. 문헌관 바리스타 역시 부산 출신이다. 그는 "대회를 준비하면서 직전 대회 우승자인 추경하 바리스타와 3위였던 주상민 바리스타의 도움을 많이 받았다"며 감사 인사를 전했다.[21]

전주연·추경하·문헌관 바리스타는 대회 우승 이후 '커피도시 부산'을 이끄는 주역으로도 활약하고 있다. 부산시는 2020년 기준 한국에 수입되는 생두의 약 95%가 부산항을 통해 수입돼 커피 물류의 중심지라는 점, 주요 세계 커피 대회 우승자가 부산에서 활약하고 있다는 점을 근거로 2021년부터

문헌관(왼쪽에서 세 번째) 먼스커피 대표가 2022년 6월 이탈리아 밀라노에서 열린 '2022 월드 컵 테이스터스 챔피언십'에서 우승을 차지했다. 모모스커피 전주연 바리스타와 추경하 바리스타(오른쪽 첫 번째와 두 번째)도 현장에서 함께 축하했다. ⓒSCA

'글로벌 커피도시 부산' 브랜딩에 힘쓰고 있다.

부산시는 민건호가 쓴 〈해은일록〉의 1884년 음력 7월 27일 한국인 첫 커피 음용 기록을 알리는 '부산은 커피데이' 행사를 2023년 9월 16일**음력 7월 27일의 양력 환산일** 처음 개최한 데 이어 2025년 9월 20~21일 두 번째 행사를 열었다.

커피 대회 챔피언 3인방은 '부산 커피' 개발에 재능기부로 참여했다. 이들이 개발한 레시피를 가지고 부산경남우유협동조합이 병이나 캔에 담은 커피 음료로 생산한 뒤, 전국 GS25, CU 편의점에서 유통하기로 했다. 커피 챔피언 3인방은 이 부산 커피의 브랜딩과 홍보도 함께 하기로 협약했다. 전 세계에서 유일하게 3명의 커피 챔피언이 한 도시에서 활약하면서, 이제 부산 하면 커피가 떠오르는 데 큰 힘을 보태고 있다. 부산은 이제 누구도 부정할 수 없는 커피도시다.

에필로그 · 커피 여정은 계속 된다

    2024년 5월, 부산에서 아시아 최초로 '월드 오브 커피 아시아 & 월드 바리스타 챔피언십'이 열렸다. 유럽에서만 열리던 커피 박람회 '월드 오브 커피'가 도쿄도 서울도 아닌 부산에서 개최됐다. 부산을 찾은 전 세계 커피 산업 종사자들은 부산 유명 로스터리 투어를 즐기며 커피로 부산을 보고 떠났다.

    2025년이 되자 미국과 유럽을 중심으로 전 세계에 말차Matcha 열풍이 불고 있다. 언론에는 말차 열풍으로 인한 커피의 위기 같은 기사가 심심찮게 등장한다. 지금 내가 연수로 머물고 있는 영국의 대표적인 커피 프랜차이즈 '코스타 커피Costa Coffee' 역시 고객을 잡기 위해 말차 메뉴를 대폭 늘렸다. 기후 변화와 수요 폭발로 말차 품귀 현상까지 나타나고 있다고 할 정도다. 실제로 런던 카페에 앉아 글을 쓰면서 재미있는 현상을 목격하게 됐는데, 10대 후반에서 20대 초중반의 손님들은 10명 중 9명은 스트로베리 말차 라테 같은 말차 메뉴를 주문하고, 30대 이상은 되어야 커피를 주문했다.

    그럼에도 커피는 앞으로 건재할 것이라고 생각한다. 이미 인류의 일상에 빼놓을 수 없는 기호 식품이 되었고, 스페셜티 커피 산업의 비중이 점점 더 커질 것이다. 커피를 좋아하게 되면서, 커피는 나를 새로운 곳으로 데려다 줬다. 앞으로도 그럴 거라고 믿는다. 여행으로 간 도시에서 가장 오래된, 혹은 가장 의미 있는 카페 방문은 앞으로도 이어질 것이고, 언젠가는 내가 가장 좋아하는 맛의 커피를 생산하는 에티오피아의 커피 산지를 방문하고 싶다.

    주변의 많은 사람들이 없었다면 이 책은 세상에 나오지 못했을 것이다. 업무가 바쁘다는 이유로 책 쓰기를 미룰 때마다 포기하지 않고 3년 넘게 책 쓰기를 독려해준 편집자, 〈다시부산〉 박나리 대표 아니 나리 선배에게 감

커피는 '휴먼 비즈니스'다. 페루 하엔 '라 팔레스티나' 농장에서 전 세계에서 온 생두 바이어들과 함께.

사하는 마음을 전한다. 어떤 일이든 한계는 없다고 항상 격려해 주시는 부모님께도 감사드린다. 커피 취재를 격려해 준 회사와 선후배 기자들에게도 감사를 전하고 싶다.

    좋은 커피란 비싸고 귀한 커피가 아니라 좋은 사람들과 편안한 장소에서 마시는 커피라고 생각한다. 아침에 눈을 떴을 때 잠을 깨우는 필터 커피, 점심을 먹고 나른한 오후에 동료들과 나누는 아메리카노, 피곤할 때 정신을 번쩍 들게 만드는 설탕 한 스푼을 탄 에스프레소 한 잔처럼 이 책도 누군가에게 도움이 되면 좋겠다.

    - 2025년 영국 런던 웨스트 햄스테드에서 조영미

참고문헌 및 자료

01 What is specialty coffee?
https://sca.coffee/research/what-is-specialty-coffee

02 Trish Rothgeb coined 'third wave' - and is now looking toward coffee's future
https://www.latimes.com/food/story/2019-10-04/third-wave-coffee-trish-rothgeb

03 서필훈 <커피를 좋아하면 생기는 일>(문학동네), 전자책 17p

04 Coffee Market Embraces Specialty Trends and AI Innovations for Steady Global Growth
https://www.precedenceresearch.com/coffee-market

05 https://www.fas.usda.gov/data/production/commodity/0711100

06 구대회 <커피의 본질>(EBS BOOKS), 73~79p

07 https://www.fas.usda.gov/data/production/commodity/0711100

08 [인터뷰] 엄보람 월드 바리스타 챔피언 "커피도시 부산, 독자 '로스터리' 많아 올 때마다 흥미진진", 부산일보 조영미 기자
https://www.busan.com/view/busan/view.php?code=2024020518221027287

09 https://www.akhaamacoffee.com/blogs/%E0%B9%81%E0%B8%A1%E0%B9%88%E0%B8%84%E0%B8%B0%E0%B8%99%E0%B8%B4%E0%B9%89%E0%B8%87-frost-1

10 이길상 <커피가 묻고 역사가 답하다>(역사비평사), 전자책 91p

11 "부산 커피도시 성장 위해 개방·혁신 필수", 부산일보 조영미 기자
https://www.busan.com/view/busan/view.php?code=2025021818212733036

12 이성훈 <동북아 근대 개항장과 커피문화>(소책자, 부산학당), 112p

13 이길상 <커피 세계사+한국 가배사> (푸른역사), 191~192p

14 같은 책, 194p

15 같은 책, 195p

16 이성훈 <동북아 근대 개항장과 커피문화>(소책자, 부산학당), 78p 및
<화물선 타고 온 포크, 대동여지도 들고 조선을 기록하다>(알파미디어), 전자책 883p

17 같은 책 112~135p

18 <Tea room and communication in Korea>(United States Information Agency)

19 [부산은 커피도시다] 가비방·마리포사... 국내 첫 커피 전문 체인점 시대 열었다,
부산일보 이현정·조영미 기자https://www.busan.com/view/busan/view.
php?code=2021100516441984034

20 [레코드 부산] ⑧ 마리포사 커피숍, 그 시절의 커피 향이 그리운 날, 부산일보 서유리 기자
https://www.busan.com/view/busan/view.php?code=2022051312112279580

21 "짜릿했던 우승 기억 뒤로하고 이젠 바리스타 챔피언십에 도전", 부산일보 조영미 기자
https://www.busan.com/view/busan/view.php?code=2022071119301348813

길 위에서 만난 커피
COFFEE RHAPSODY

발행일 • 2025년 11월 21일 초판 1쇄

지은이 • 조영미

펴낸이 • 박나리

표지 일러스트 • 키미 KIMI

편집 디자인 • 정현실

교정·교열 • 강정미

펴낸곳 • 다시부산

주소 • 부산광역시 남구 석포로 59-1, 1층(감만동)

전자우편 dasibusan@gmail.com

ISBN 979-11-963426-1-6

* 이 책의 판권은 지은이와 다시부산에 있습니다.
  이 책 내용의 전부 또는 일부를 재사용하려면 반드시 양측의 서면 동의를 받아야 합니다.